勉強が
できる子になる
「1日10分」
家庭の習慣

西村則康

実務教育出版

はじめに

約1年前に『自分から勉強する子の育て方』（実務教育出版）を刊行し、いろいろな反響をいただきました。そのほとんどは好意的なものでした。

「子どもへの対応方法を変えるヒントをもらいました」というような嬉しいものです。

一方、私自身が家庭教師としてご家庭にうかがっているあるお母さんからは、ちょっとニュアンスが違う感想をいただきました。


私の主催する家庭教師グループは、食卓で授業をすることを原則にしています。

多くのお母さんは、生徒である子どもと同じテーブルに着いて一緒に授業をお聞きになっていますから、私が子どもにかける言葉や、振る舞いを間近でご覧になっています。

「この本を読んで、先生がいつもおっしゃっていることと同じだと感じました。そうそう、こんなときには先生はこんな話をされていたよね。あのときはこうだったよね。

そんなふうに楽しく読ませてもらいました。でも、実際に先生の授業をご覧になっていない方は、『じゃあ、何をすればいいの？』とお感じになったかもしれませんね」

このような感想をいただいたのです。

「なるほど」と思いました。

私が、家庭教師の現場でやっていることは、どちらかと言えば即興です。35年以上も教える現場にいると、多種多様な習性が身にしみついています。教えている間ずっと、子どもの反応に対して私が反応し、その反応に対してまた子どもが反応する。この繰り返しです。

問題を読んでいる子どもの視線が動いた瞬間であったり、何かを書き始めた瞬間であったり、問題を解き終わった瞬間であったり、子どもが私の表情から何かを感じ取ろうとする瞬間であったり。瞬間の連続の中で、授業は進んでいきます。

その瞬間の中で「子どもがこんな反応を見せたときには、こんな動きを伴ってこんな言葉をかける」という場面があったとして、私の反応は、無意識の習性からの行動が8割、意識的な行動が2割程度だと感じています。

そして、意識的な2割の行動もそのうちに無意識な行動に吸収され、新たな意識的な行動が生まれているのだと解釈しています。

意識的なコミュニケーションを取り入れる

あるお母さんがおっしゃった「じゃあ、何をすればいいの？」という問いに対しての答えは、無意識の8割の行動の中にあるようなのです。

これを掘り起こして返答を作るのは大変だなと感じていたときに、実務教育出版の堀井さんから、「『10分でできる親子のコミュニケーション』について、それも学習に関係することを書いてみませんか」というお話をいただきました。

計算のある部分が苦手だと感じた瞬間に私だったら何を話すだろうか。どんな症状のときに百ます計算をすすめ、どんな状況だったら2桁かける1桁の暗算訓練をすすめるのだろう。

子どもが、「あれがこうなって、これがこうだから」とぶつぶつつぶやいているときには、私は何をするだろう。

このように、普段の私自身の行動を振り返ることで、「あるお母さん」への何か返答らしきものと堀井さんへの返答が書けるのではないかと感じました。


普段の親子のコミュニケーションも、無意識の瞬間の連続です。

その親子の生活履歴の中で身にしみこんだ習性から出る言葉や態度の投げ合いです。生徒に勉強を教えるという客観的な行動が求められる場面においてすら、私はたった2割程度の意識的な行動しか取り得ていないと感じています。

たぶん親子の会話は、ほぼ100％無意識になされているのではないかと思います。ときには、言葉の投げつけ合いであったり、言葉の打ち返しであったり。

ほとんどが無意識に行われる家庭内のコミュニケーションに少しばかり意識的なものを取り込んでいただくことで、ご家庭の雰囲気が大きく変化して、それが子どもの学力に劇的な効果を及ぼす例を数多く見てきました。


生活時間の多くを子どもだけに割くわけにはいかない忙しいお母さん方でも、10分だけならば試していただくことができると思います。

いきなりたくさんの項目を実行せず、まずひとつやってみてください。

そのフレーズや動作がお母さんの体になじんだら次の1項目をやってみるというように、欲張らずに続けてみてください。

２０１３年10月　西村則康

本文中、緑色の旗マークが立てられている箇所には、勉強ができる子になる1日10分の習慣が記されています。急いで実践したい人は、この部分を読むだけでも重要なポイントをつかむことができます。また、あとで忘れてしまったときに読み返す目印にもなります。

勉強ができる子になる「1日10分」家庭の習慣　もくじ

02 勉強が得意な子になる10分学習法

03 1日10分のノートチェックで知識をピタッと定着させる

04 塾の学習効果がぐんぐん上がる10分見守り

05 子どもの考える力をぐいっと引き出す10分コミュニケーション

06 やる気を引き出し勉強への意欲を高める10分親子会話

07 子育てがとっても楽になる10分の心の癒し方

装丁／小口翔平＋西垂水敦（tobufune）
本文デザイン・図版製作・DTP／加納もえ
編集協力／㈱エディ・ワン

01

家庭での学習が
どんどんはかどる
10分サポート

1

10分の家庭内ミニ授業で学力が急上昇

お母さんは、どこまで子どもの家庭学習に関わるべきなのか、迷うところですね。小学校低学年のうちは、多くのご家庭で「さあ、勉強しようか」とお母さんが声をかけて、そのそばで学校の宿題やドリルに取り組んでいることでしょう。

まだ勉強のやり方をよく知らないうちは、お母さんのサポートは絶対に必要ですから、それでいいのです。

しかし、高学年になれば、自然と学習スタイルは変わってきます。

自立心が芽生えて「自分でやるから」と言い出し、お母さんの手をだんだん離れていく。小学4、5年生は、ちょうどその過渡期です。

いつまでもお母さんの指示を待っているようでは困りますから、離れていくのは健全な成長の証です。歓迎すべき傾向ですが、かといって、まったく放任というわけにもいきません。子どもが「できたよ」「わかるから大丈夫」と言っても、理解が浅かったり、間違いに気づいていなかったりすることはよくあります。

子どもの言葉を鵜《う》のみにして本人任せにしたばかりに、あとで大慌て、取り戻すのに苦労したなどということが起きないよう、上手に関わっていかなければなりません。

では、どんな形で子どもの勉強に関わるのがいいのか。

大切なのは、「教えないこと」です。

禅問答のような答えですが、家ではなるべく勉強を教えないでほしいのです。「関われと言ったり教えるなと言ったり、いったいどっちなの？」と突っ込まれそうですが、お伝えしたいのは、お母さんは教師であってはいけないということ。

５年生後半くらいから勉強が急に難しくなり、正直言って、お母さんでは教えきれなくなってきます。ことに算数は難しく、中学受験をめざしている子の場合、塾で習う算数をお母さんが教えるのはほぼ不可能と思っていいでしょう。

学校でも、「比、割合、速さ」など、高度な思考力が求められる単元が、５年生からは次々と出てきます。通り一遍《いっぺん》のことは教えられても、学んだ内容を自分の言葉で言い換えたり応用したりといった、本質的なところまで掘り下げた教え方ができるお母さんは、まずいません。

力不足というのではなく、そこまで教えるのは専門の教師でない限りどだい無理な話。〝本質〟は、与えられた情報の中から子ども自身が感じ、つかみとってこなければいけません。

そこで、〝教えない家庭学習〟をおすすめします。

子どもが先生役になる〝教えない家庭学習〟

お母さんには10分だけ勉強にお付き合いいただきます。ただし、勉強を教える先生と生徒という縦の関係ではなく、アドバイスしたり一緒に考えたりするコーチ役。横に並んで走る伴走者の役割です。

伴走者なのですから、お母さんが先回りして勉強をしておき、子どもに教える必要はありません。

むしろ、お母さんは教えられる側に徹します。子どもが先生役になり、お母さんに説明させるのです。

「1日10分の子どもミニ授業」です。

10min
子どもミニ授業

子どもがきちんと〝授業〟できることを期待してはいけません。

先生のように教えられるかどうかがポイントなのではなく、教えることによって、まとまりのなかった知識が自分なりに整理整頓でき、〝本質〟に気づいていく、これが「ミニ授業」の目的です。

ですから、お母さんが理解できたかどうかは、あまり問題ではありません。

まずは、黙って聞いてあげることです。言葉は発しなくてもいいのですが、できれば、ちょっとした演技を加えてみてください。

たとえば、子どもの話を聞いているときに、「ん？」と、あえて「わからない」という表情をしてみる。

子どもは、〝できの悪いお母さん〟にどう説明したら理解してもらえるのだろうかと、一生懸命に考えます。

学校で教えられた通りに言っても、お母さんにはわからないみたいだからと、自分なりに考えて、自分の言葉で言い直そうとするでしょう。

この作業は、〝本質〟をある程度理解していないとできないし、自分の言葉で説明するには、論理的な思考を稼働させる必要があります。

「1日10分の子どもミニ授業」では、ぜひお母さんは〝できの悪い生徒〟を演じてください。

生徒役なのですから、「なんで、そんな説明しかできないの！」などと小言を並べるのは禁物。上から目線の教師になっては、子どもの考える機会を奪ってしまいます。

あいまいな知識を〝使える知識〟に変える

子どもが先生役になって教えるというのは、離れ小島のようにバラバラになっていた知識を手繰《たぐ》り寄せて結びつけ整理するというだけでなく、いくつもの効果が期待できる、とても有効性の高い学習法といえます。

一番大きいのは、地頭作りです。

話す相手に伝わるように言葉を選んで説明しようとしますから、論理的思考回路にスイッチが入りフル回転、地頭が鍛えられます。

あいまいな知識が、言葉にすることで明確な形となり、使える知識に変わります。

どう説明したら理解してもらえるか工夫しながらお母さんに説明するのは、まさにビジネス現場におけるプレゼンテーションと同じ。子どものキャリア教育にもなっているわけです。

実りの多い〝ミニ授業〟とするために、お母さんに注意していただきたいのは、うまく説明できるかどうかチェックするような厳しい目を向けたり、「聞いてあげるから話してみて」とふんぞり返るような態度を見せないことです。

子どもの説明に多少の論理の矛盾があったとしても知らん顔で見逃し、問いただすような真似はしないでください。

〝ミニ授業〟をさせることが、第一の目的なのですから。

子どもに教えるのではなく、教わる。この立場を貫き、1日1回、10分でいいので〝できの悪い生徒〟を演じてください。

失礼を承知で言わせていただくなら、子どもが先生役の〝ミニ授業〟は、お母さんが中途半端な知識で時間をかけて勉強を教えるより、何倍もの学習効果があります。

休みの日は、お父さんと生徒役をバトンタッチしてもいいでしょう。生徒役が変わって反応が違えば、子どもは説明の仕方に工夫を凝らすかもしれません。

2 10分で子どもの「適切な学習量」を見きわめる

家庭学習では、お母さんは子どもの勉強にのめり込みすぎず、生徒役を演じながら適度の距離を置いて接することが、子どもの自立した学習を助けます。

ただし、距離を置くといっても放任ではなく、学習内容や進度についてはお母さんがきちんと把握し、本人任せにならないようにしてください。

高学年になると、生意気な口をきくかもしれませんが、何といってもまだ小学生。お母さんによる、側面からのサポートは必要です。

今、学んでいる単元は何か。宿題は何が出ているのか。

学校や塾からどれほどの勉強量が課されていて、その勉強量はわが子にとって多すぎたり少なすぎたりしないのか。

これらをきちんと把握しておかないと、適切なサポートはできません。

10min

学習時間を把握する

勉強量が適切かどうかを知るには、課題を片付けるのにどのくらい時間をかけているかをみればいいでしょう。

ダラダラと長い時間がかかっているようなら、量が多すぎるか、その子にとって内容が難しすぎるかのどちらかです。負担を増やすのはしばらく待ち、今の課題を確実にクリアすることを考えてください。

逆にパパッと済ませてしまう場合は、その課題だけでは物足りないのかもしれませんから、ドリルや通信教材など、何かプラスアルファの学習が必要になってきます。

家庭学習用にプラスアルファの教材を用意するとしたら、公立小学校に通っている場合、各教科1冊ずつ問題集をこなしていくのが適切な学習量と考えていいでしょう。

正直言って、学校の教科書だけでは限界があります。

「成績を上げるのは無理」と言ってもいいでしょう。

教科書準拠の問題集が、絶対に1冊は必要です。

どんな問題集を選ぶかは、「親の目」で判断してください。

いろいろアドバイスの声もあるでしょうが、あまり難しく考えず、「これならうちの子もできるかな」くらいの感覚で選んで問題ありません。

同じ問題集でも1ページがやっとという子もいれば、5ページくらい平気という子もいて、適正量はその子によって違います。

問題集に一応の目安が書いてあるかもしれませんが、わが子の様子を見て、お母さんが1日にやるページ数を見きわめればいいのです。

一度にたくさんやるのではなく、とにかく毎日続けることが大切。

継続は力なり。

確かな学力をつけるのは、休まずコンスタントに学び続けることです。

3 10分の学習メモ作りで勉強エンジン全開

10min 学習メモ

次は、何を勉強するか。これは、毎日〝学習メモ〟を作り、親子で内容を共有、把握してください。

学校から帰ってきたらすぐに、「学校の宿題、計算・漢字練習、算数の問題集3ページ、国語の問題集2ページ」という具合に、その日の学習項目をすべて書き出して、やるべきことを子どもに意識づけるのです。

このときお母さんは、

「今日やらなきゃいけないことを書きなさい！」

と命じるのではなく、

「今日は何をやればいいと思う？」

「今日はどんな勉強がしたい？」

と質問するようにしましょう。

だいたい子どもというのは、少し欲張って書くものです。しかも「先週の学習メモを参考にしながら書いてね」と言っておくと、先週の同じ曜日にやった項目は必ず書き、プラスする形で今日の分を書こうとします。

多すぎるようでも、

「本当にこんなにできるの？」

ではなく、

「わあ、すごくがんばるのね」

と励ましてください。

がぜんやる気が出て、全部やってしまうかもしれません。


日によっては、「やっぱり無理」と項目を減らしてしまうかもしれませんが、お母さんは口をはさまず、全部やりきるかどうかは子どもの判断に任せます。

真の学力は「やらされ感」のない自主的な学びの中で育まれるものですから、「〜しなさい」という言葉はできるだけ封印、使わないように意識してください。

あの手この手で勉強させようとしても、なかなか子どもにやる気が出ないのは、そもそも何を勉強したらいいのかわからないからということがよくあります。

お母さんにしても「漢字練習やった?」「ドリルは?」といちいち子どもに確かめるのは、ストレス以外の何ものでもないでしょう。「うるさい!」と、とがった声が返ってくれば、一気にストレスはマックス到達ではないでしょうか。

たった1枚メモを作ることで、この問題を回避できるのです。

ほんの数分、お母さんはリスト作成に付き合ってあげてください。

10min 朝のメモ作り

朝の10分を使って学習メモを作る

仕事をもっているお母さんの場合、子どもが学校から帰ってきた時間は家にいらっしゃらないでしょうから、朝の10分を学習メモ作りにあててはいかがでしょうか。

慌《あわ》ただしい時間かもしれませんが、リストを作るのは子どもの仕事。お母さんは朝の支度をしながら様子を見て、最後にチェックして、

「宿題が出たら付け加えてね」

と言っておけばいいのです。


メモの書き方は自由ですが、いくつかルールを決めておきましょう。

まずは〝やったよチェック〟。

やり終わるごとに、項目を蛍光ペンで消していきます。これをやると、何をやったかを確認しながら勉強を進められるので、子どもに達成感が生まれます。

欲張りすぎて、やり残しが出ても構いません。

たとえば、6つ予定していて最後の2つが残ったとしても、「よくやったね」とそのまま気持ちよく寝かせてあげてください。

残った勉強はそのままにしないで、翌日用の学習メモの最初に書いておき、翌日はそこからスタートします。

これを繰り返しているうちに、子ども自身で学習ペースがつかめてきます。

学習メモ作りで、やることをチェック

その日やる勉強の内容を毎日メモに書き、やり終えたらチェックマークをつけます。子どもの勉強への意識が高められるだけでなく、お母さんも子どもが勉強したかどうかいちいち確認する手間がなくなります。

日付を書き、その日にやる勉強の内容を箇条書きにして書き出す。

やり終わった項目は蛍光ペンで消すなどして「やったよチェック」。

1日目

○月○日

算数	○ページ～○ページ
計算テスト	○番～○番
理科	テキスト読み
理科	問題○ページ～○ページ
国語	漢字○ページ

できなかった分はそのままにしないで、翌日の学習メモの一番上に書き、翌日はそこからスタートする。

2日目

○月○日

理科	問題○ページ～○ページ
国語	漢字○ページ
算数	○ページ～○ページ
計算テスト	○番～○番
社会	問題○ページ～○ページ
国語	音読○ページ～○ページ

4 学習メモで夏休み中の学習計画もスムーズに

夏休みなどの長期休暇はどう乗り切ればいいのか、頭を悩ますお母さんも多いと思いますが、特別なことをやる必要はありません。普段と同じように毎日学習メモを作り、これにそって勉強していきます。

ただし、学校の宿題は量が少なく、1週間もあれば終えてしまう子もいるので、夏休み用の問題集を用意しておく必要があります。

10min 一緒に選ぶ

どんな問題集がいいかは、カラー印刷じゃないとなじめないとか、文字の大きいものがいいとか相性がありますから、抵抗なく取り組めることを第一に考えて、子どもが「これをやりたい」という問題集を算数と国語で各1冊ずつ選んでください。

大事なのは、選んだ1冊を完璧に終わらせることです。

ママ友情報などに惑わされて、あれこれ手を出すと、何もかもが中途半端に終わり学力向上につながりません。

算数・国語1冊ずつがシンプルに机の上に並んでいるだけがいいのです。

プラスアルファの勉強として通信教育を利用しているご家庭も多いようです。やり方について相談を受けることがありますが、子どもが嫌がらず、お母さんがちゃんとコントロールできるのであれば、どの通信教育でも教材のひとつに加えていいと思います。

10min 週1チェック

しかし、「ほら、今月の問題よ」と教材を渡すだけで、あとは子ども任せというのでは、気づいたときには白いページばかりという事態になりかねません。小学生のうちは、親が目をかけない限り自主的に取り組ませるのは難しいものです。

毎回のチェックはできなくても、せめて週に1回は10分だけでも時間をかけて、どんなペースで進んでいるのか把握しておくようにしましょう。

お金のかかることですから、白いページが続く通信教材を見れば、「もったいないし、やらないのならもうやめようか」という話になるでしょう。やめるのは簡単ですが、親も子も何の改善策もとらないまま諦めるのは感心しません。

通信教育に限らず、「がんばっているね」と励ましの言葉をかけるだけで、子どものやる気は目に見えて違ってきます。

10分どころか数秒の手間です。

言葉を惜しむ理由はないと思います。

5
1日10分×2週間で「守れる学習計画」を作る

学習メモを毎日続けるうちに自分の学習ペースがつかめていくと言いましたが、慣れないうちは、あれもこれもと書き出して、その日に予定していた学習を消化しきれずに積み残していきます。

積み残しが増えればだんだんやる気を失い、学習メモも形骸化《けいがいか》した、いい加減なものになりかねません。

過大な期待をかけて無謀な学習計画にならないよう、「今よりよくなればいい」くらいの気持ちで学習計画は立ててください。

私が教えていたあるご家庭では、お父さんが5分刻みの学習計画表を作っていて驚いたことがあります。「7：45～8：05　漢字練習」という具合に、とにかく細かく子どもを管理しようとしているのがありあり。子どもは、それを見た瞬間からもう嫌気がさして、まったく勉強に手をつけようとしませんでした。

当然ですね。子どもの学習ペースを無視して、親の期待だけで学習計画を立てたところで、うまくいくはずがありません。

親の独断で作ろうとする時点で、その学習計画は失敗したも同然です。

10min 学習計画表作り

無理のない学習計画表を作るには、2週間かかると思ってください。

最初の1週間は、現状を確認する期間です。

最初にこう言っておきます。

「あとで1日ごとに予定を考えていくから、その資料用に、毎日何をどのくらい勉強しているのか自分で調べてみようね」

書き出す項目は、「教科」「内容」「かかった時間」の3つです。

現状確認が終わったら、次は1日の学習予定メモを1週間。

学校から帰ってきたらすぐに、その日にやろうと思う勉強を箇条書きにします。

参考にするのは前の週に書いた現状確認のメモ。同じ曜日のものを出してきて、もう少しできそうだとか、このくらいでいいやとか子どもなりに調整を加えさせます。

算数・国語・理科・社会にかけるボリューム配分は、1週間の合計では、おおよそ2：1：1：1くらいで、算数がやや多めの感じになるようアドバイスしてください。いずれも子ども自身にやらせますが、10分あれば十分できる作業です。

学習計画表作りで自己管理能力が育つメリットも

メモ書きを1週間続けると、現実的な量と時間がわかり、その子にとっての適切な量がだいたいつかめます。

〝算数問題集　4ページ〟と意気込んでいたのに、実際は1日3ページがやっとだったというようなことが見えてきて、その子には3ページが適切な量だとわかります。

適切な量がわかると、不思議と、目標を達成できなかったことに対する小言ではなく、子どもへのねぎらいの言葉がスムーズに出てくるものです。

「毎日3ページも続けられたわね」と。

逆に適切な量が把握できていないと、悲劇です。

お母さんの中にやればやるほどいいという思い込みがあるので、できていないことについ目が行って、「なんで、あと1ページがんばれないの！」となってしまいがちだからです。

学習メモは、そんな言葉を封じる、いわば子どものための〝ねぎらいツール〟でもあるわけです。

やり残しがあったものに関しては、工夫すればできるのか、もともと無理な量だったのか、お母さんの目で判断してアドバイスしてあげてください。

これで調整し直せば、「1週間スケジュール表」のでき上がり。

子どもの実態に即した「守れる学習計画表」になります。

だんだん勉強のレベルが上がってくるので、計画表は学期ごとに見直したほうがいいでしょう。

子ども主体の学習計画表作りを続けると、子どもの中に自己管理能力が芽生えるという大きなメリットもあります。

6 10分の丸つけで隠れたつまずきを発見する

「うちの子は学校のテストでいつも90点以上とっているから、勉強については問題ない」と安心しているお母さんは多いと思います。

実際、私のもとへ相談にいらっしゃる方の中にも、学校のテストはほぼ満点でできが悪くないのに、塾の勉強になるとパッとしないと心配する方がたくさんいます。

しかし、学校のテストで平均95点を超えているのは、わりと普通のこと。60点、70点という子のほうが少数派です。100点をとる子より95点をとる子の方が本当の学力は上という場合もあります。5点というと1問の間違い。1問だけなら単なるケアレスミスによる失点の可能性もあり、決定的な学力差とは言えないからです。だったら、100点満点なら文句なしに安心できるのかと言えば、それも間違い。

学校のテストのように基本を問う問題は正確に処理できても、少し踏み込んだ応用問題になるとついていけないということがあるからです。

学校のテストは、ほとんどが授業中に扱った学習内容を確認する形の問題になっています。教科書に出てきた例題の数字だけを置き換えたような類題が多いので、まじめに授業を聞いていれば、100点をとれてしまうことが多いのです。

テストの点数がよければ安心するのは親としてもっともですが、学校のテストは学力を保障するものではないし、それだけで本当の実力を測ることもできないのです。

理解していない部分があったとしても、教科書で扱う内容には限界がありますから、学び漏れはそのままになってしまうでしょう。

前述した「問題集を1冊用意してほしい」というのは、100点の陰に隠れた学び漏れやつまずきのタネが、問題集に取り組むと見つけることができるからです。

教科書準拠の問題集は、学校での学習内容をベースにはしていますが、問題そのものは、応用問題も数多く扱っていて、多角的により深い理解を得ることができます。

ですから、学校のテストが満点に近くても、問題集をやってみてできが悪いようなら、覚えたことを表面的になぞっているだけの可能性があります。

問題集は、足りない学習量を増やすということだけではなく、そうした「つまずき発見」のツールでもあるのです。

問題集の丸つけはお母さんの仕事

家庭で問題集に取り組む場合に、「これでいいのかしら」とお母さんが迷う点について、お話ししておきましょう。

まず、丸つけをどうするかです。

高学年になると、丸つけどころか、問題集や通信教育の教材さえ見せてくれず、やっているのかどうかもアヤシイというお母さんの嘆きを聞くことがあります。

10min 親が丸つけ

たしかに、子ども任せの採点は失敗のもとです。

親御さんができ具合を把握していることは絶対に必要ですから、丸つけは、最初はお母さんがやってください。10分もあれば、十分にできます。

そのうえで、間違った問題に対しては、「もう一度これをやってごらん」と解き直しをさせる。解き直しの習慣がしっかり身につき、言わなくても間違いを直すようになれば、ある程度は子どもに任せてもいいでしょう。

問題集の答えをどこに書かせるかで迷うお母さんもいます。

問題集に直接書いていいのか、ノートに書くのか。

進学塾では必ずノートにやるように指導するところもありますが、どこに答えを書くかは、単純に、問題集にどれだけのスペースがあるかで決めればいいと思います。空きスペースがたくさんある場合は直接書いていいし、少ない場合はノートに書く。ノートに書き写したほうが知識の定着につながるということはありません。

ただし、短期記憶が苦手な子の場合は、訓練として数字を書き写す意味はあります。長い計算問題の場合を考えてみましょう。

「(35＋25×4)÷9」とあった場合、それをパッと見て、(35＋25×4)を意識できる子ならいいのですが、「35」を見て「35」を写し、「＋」を見て「＋」を書き、さらに「25」を写しというふうに、連続して数字を覚えきることができない子は、ノートに書き写すことで短期記憶が鍛えられます。

ともあれ、中学受験をする子もしない子も、小学校3年生ぐらいからは問題集を使って学習習慣を身につけるとともに、4年生以降は真の学力をみるための指標として問題集に取り組んでください。

02

勉強が得意な子になる10分学習法

7 算数の「三大つまずき領域」は「割合」「比」「速さ」

高学年になり学校の勉強が難しくなった、これまでのようにはいかないと実感するのは、特に算数においてでしょう。

5年生になると、小学校算数最大の難関のひとつ「割合」が出てきます。6年生では「比」と「速さ」が出てきて、小学校の最重要単元の〝御三家〟がそろいます。

この3つは、重要なだけにつまずきも多い単元ですが、中学・高校の数学、物理、化学、生物と、その後の全理数系科目に関わってくるので、小学校高学年のうちに基本の考え方をしっかり身につけておかないと、あとでとても苦労することになります。

中1の数学をざっと見てみると、入学後最初に出てくるのは、正の数と負の数の計算。マイナスの数が初めて扱われます。

初めてといってもここでつまずく子は少なく、概《おおむ》ね順調にすべり出します。次に学

〈問題〉
仕入れた商品に４割の利益を見込んで定価をつけましたが、売れなかったので、その２割引きで売ったら、480円の利益がでました。商品の仕入れ値はいくらですか？

〈式〉 $X \times \frac{14}{10} \times \frac{8}{10} = X + 480$

〈答え〉 4000円

ぶのはＸやＹといった文字を使った計算。これも何とかいく。続く一次方程式の計算は、機械的に数字を当てはめるだけなので、ほとんど問題なし。ここまでが１学期。

２学期に入ると、様相が変わってきます。１学期のようにスムーズにはいきません。１次方程式を使って解く文章題が始まるのです。

代表格が「濃度計算」「売買損益」「速さ」の３つ。小学校のときに、「割合」「比」「速さ」をきちんと理解していなかった子は、ここでつまずくことになります。

たとえば、上のような「売買損益」の問題は「割合」がわかっていないと解くことができません。

この段階でもたついていては、本格化する勉強についていけず落ちこぼれの憂き目にあう可能性も。今のうちにしっかり基礎を固めておきましょう。

8 スーパーの10分で「割合」の感覚がもてる

仕入れ金額を1とすると、

定価は　$1 \times \left(1 + \frac{4}{10}\right) = \frac{14}{10}$

売り値は　（定価）$\times \left(1 - \frac{2}{10}\right) =$

$\frac{14}{10} \times \frac{8}{10} = \frac{28}{25}$

利益は　$\frac{28}{25} - 1 = \frac{3}{25} = 480$ 円

1は　$480 \div \frac{3}{25} = 4000$

〈答え〉 4000円

売買損益の問題は、実は中学受験においては必須単元。方程式は使えないので、Xを1に置き換えた形にして小学5年生で学んでいます。

たとえば、前ページの問題を例に挙げると、上のように解きます。

だったら、受験しない子はスタート地点が違うんだから、中学入学後、理解するのに時間がかかって当たり前じゃないかと思われるかもしれませんが、割合や速さというのは、日常生活の中で養われる〝感覚〟がものすごく大きな要素になるのです。

塾で習っているから大丈夫、習っていないから出遅れるという話ではなく、割合や速さの〝感覚〟を身につける機会を日々の生活の中でどれだけ与えてきたかが、理解するうえで大きくモノを言うのです。

〝感覚〟の備わっていない子は、速さの問題を解くのに「速く走ったほうが短い時間で行けるよね？」というところから説明しないといけません。

「バカな！」と思われるかもしれませんが、周囲で少し意識してやらないと、常識が欠落しているのが現実で、「A君の歩く速度は毎時60㎞」などと平気で答えます。

そんなスピードで歩ける人間はいないわけですから、答え云々以前に、常識的に考えて毎時60㎞は間違いだと気づく、そういう〝感覚〟がなければいけません。

〝感覚〟を育むのは家庭。といっても、特別なことをする必要はありません。

割合についての〝感覚〟を磨くには、野球少年なら、お父さんとひいきのバッターの打率を話題にして盛り上がる。ショッピング好きの女の子だったら、買い物に行った店で「全品30％引きということは……」と話しながらお買い得品を選ぶ。

このように、子どもが興味をもっている分野で割合に関する会話をするだけでいいのです。

10min

買い物で勉強

日常生活の中にさまざまな機会はありますが、「割合」に関わるのは、やはりお金を使う場面が一番多いでしょうから、買い物を利用するのがいいかもしれません。

そういう意味では、スーパーは絶好の学びの場。消費税の計算、割引商品の計算など、ぜひ子どもにやらせてみてください。

もちろん「計算しなさい！」は禁句。

お母さんは「え～と、いくらになるのかなぁ？」と計算に手間取るフリを。

人に何かをしてあげたり教えたりするのが子どもは大好きですから、お母さんより早く答えようと一生懸命に計算しますよ。

9

「時間・速さ」の感覚はアナログ時計で養う

「速さ」が苦手な子は、速く歩いたら短い時間で目的地に着けるという〝感覚〟をもち合わせていないのと、もうひとつ、感覚的に時間をとらえるのが下手だと言えます。60分は1時間という60分単位の原則はわかっていても、「15分は何時間？」と聞くと、パッと答えが出てこないのです。

「15分」と言われたら、時計の文字盤を思い出せば、「4分の1時間」とすぐに答えが出ることとなのに、「分を時間に変えるには60で割る」と授業で教わっているから、15割る60を一生懸命に計算しようとする。

計算するのは間違いではありませんが、数字を操作するより、時計を頭の中に描いて、「15分は円い文字盤を四等分したときのひとつだから……」と、ビジュアルでイメージしたほうが確実で早い。

家で日頃から時計を見ていれば、自然に文字盤が浮かぶはずなのに、電子レンジ、パソコン、リモコン、温度計……家庭にある、あらゆる電化製品にデジタル時計が表示されるようになって、日常的に時計（もちろんアナログ時計です！）を見る必要がなくなったことが影響しているのでしょう。

10min アナログ時計

生活様式や環境が変わって弊害が生まれたのなら、その部分は、やはりお母さんが意識して補ってやらなければなりません。

子どもの時間の観念を改善するには、まずは一番よく見るリビングの時計はアナログ時計にしてください。

アナログ時計に慣れていると、「速さ」だけでなく天体の学習にも役立ちます。

たとえば、春分・秋分・夏至・冬至がそれぞれ何月かを言えない子はたくさんいますが、時計を使うと簡単に覚えることができるのです。

12時―12月、3時―3月、6時―6月、9時―9月と対応させれば、これで冬至・春分・夏至・秋分となります。12星座なども文字盤の中心に地球があると仮定して12星座を配すれば、位置関係が理解しやすくなります。

アナログ時計で天体の学習ができる

12時－12月、3時－3月、6時－6月、9時－9月と対応させることで、冬至・夏至・春分・秋分が何月かかんたんに覚えることができます。文字盤の中心を地球に見立てて、12星座を配置することで、星座同士の位置関係も理解しやすくなります。

12月…冬至
3月…春分
6月…夏至
9月…秋分

文字盤の横の数字を見ると、8月と4月の昼の長さや南中高度がほぼ同じだと覚えられる。

10

台所の10分で自然に育てる「比」の感覚

「割合」「比」「速さ」の3つの中では、「比」は比較的子どもには抵抗感が少ないようです。「割合」に手こずった子も、「比」になったら意外にすんなり解けたりすることがあるのです。

というのも、小学校の「比」の場合、どちらが大きいかという大小関係を把握する大ざっぱな〝感覚〟があればいいし、小数まで計算して厳密な数字を求める「割合」と違って、出てくるのは基本的には整数比。

子どもには、とらえやすいようです。

それでも、中学・高校の学習に強力につながる重要概念であることに違いはありません。基礎からしっかり理解ができていないと、たとえば高校の化学に太刀《たち》打《う》ちできなくなります。

高校化学では、化学反応の質量計算や気体反応の体積比計算など、頻繁に比を使った計算式が出てきます。

化学がわからないと言い出すのは、もとをたどっていくと、たいていは「比」についての理解があやふやなまま高校まできてしまっているからです。

10min キッチンで勉強

家庭で比について実際に学ぶとしたら、一番チャンスが多いのはキッチンでしょう。たとえばココア。作り方に「スプーン3杯のココアパウダーに牛乳200㎖を加えて」とあった場合、600㎖を一度に作って冷蔵庫で冷やしておこうと考えたら、ココアは何杯入れるのか。これは比の問題ですね。

「牛乳とコーヒーを3対1の割合で混ぜてミルクコーヒーを作ろうか」

これも、わかりやすい「比」です。

「しょう油、砂糖、酢を2：2：1の割合で混ぜ」て、合わせ調味料を作ることもあります。

難しく考えなくても、1日10分、お母さんのお手伝いをしながら、「比」を学ばせるチャンスはいくらでもあるのです。

11

計算力は経験の積み重ねで差が出る

たとえば、かけ算では

$300 \times \frac{1}{2}$ （0.5） $= 150$

割り算では

$300 \div \frac{1}{2}$ （0.5） $= 600$ となりますね。

「割合」を扱った問題では、分数（小数）のかけ算や割り算をすることになります。すると、「かけ算なら答えはもとの数字より大きくなり、割り算では小さくなる」という、子どもの中にある、それまでの〝常識〟は覆《くつがえ》されてしまいます（上記参照）。

なぜ、分数のかけ算・割り算ではそうなるかが飲み込める子はいいのですが、説明されてもなかなか感覚として胸にストンと落とし込めず、混乱する子が少なからずいます。

やり方に従って答えは出せるけれども、なぜそうなるのかがスッキリとわからないままなのと、そうなるはずの計算をしているんだという感覚をもっているのとでは、その違いは大きく、計算のスピードや正確さに差が出てきます。

では、きちんと理解したうえで割合の計算ができるようにするにはどうしたらいいのかといえば、これはもう経験の積み重ねしかありません。

もちろん、理論的に理解させるのが望ましいのですから、できる子には、なぜそうするのかということをきっちり説明してあげればいいでしょう。

理解できない子の場合は、理屈抜きにして「そういうものだ」という感覚をまずは植え込んでしまいましょう。

10min 一緒に勉強

「1で割ったら答えはもと通りだよね。2で割ったら小さくなったよね。じゃあ、0.8で割ってごらん。大きくなったよね」

お母さんは、そんなふうに何度か繰り返してあげてください。

経験の積み重ねによる理解でもいいのです。少なくとも、1より小さい数字で割ると答えは大きくなるという、それくらいの感覚をもたせておけば、計算違いをしたとしても、「こんな答えになるはずがない」と気づくことができます。

12 計算の苦手な子の〝つじつま合わせ〟を10分で防ぐ

割合の問題では、25÷75のような、小さい数字を大きい数字で割るケースもよく出てきます。

慣れないうちは、これも子どもには納得しがたい計算のひとつです。

小学5年生くらいでよく見かけるのは、問われていることにお構いなく、とにかく割り切れる数字で割ろうとする例です。

25÷75の答えが求められているのに、これでは割り切れないから困ってしまい、「えぇ〜い！」とばかりに75÷25にしてしまうわけです。

きれいに整数で答えが出て、本人はスッキリするかもしれませんが、当然ながらまったくの誤り。

理解があいまいな子というのは、易《やす》きに流れるというか、考え尽くそうとせずに、すぐに自分が知っている方法で勝手に解こうとします。問題で問われていることを追求するのではなく、自分の中でつじつまが合うほうに答えをもっていくのです。
「割合」が苦手になる理由には、こうしたつじつま合わせをしてしまうせいで、正解しないからということもあります。

根底にあるのは、言葉に対する意識の希薄さです。A÷Bという数式が意味することを言葉でちゃんと理解できていないのです。

6００÷３＝２００という式を見て、「合計金額6００円を買った個数の3で割ると、1個あたりの金額2００円が出る」と説明できるかどうか。

10min 一緒に採点

お母さんとしては、式が書けて、計算が間違いなくできれば安心と思うかもしれませんが、もう一歩進めて、式の意味を自分の言葉で表現する力がないと、文章題でつまずくことになります。

問題集を採点するときなどに、「なぜ、この式になるの？」と子どもに聞き、式の意味を簡単に説明させてみるといいでしょう。

つじつま合わせがあれば、説明に行き詰まり、子ども自身が間違いに気づきます。

13

計算力を伸ばす魔法の「補数」を10分でゲット

計算力は、算数のベースになるもの。漢字とともに毎日取り組んで、磨きをかけておかなければなりません。

しかし、ただ問題数をこなしていれば慣れで力がつくというものではなく、ポイントがありますから、そこを押さえたうえで、あとは積み重ねで力をつけていきます。

そのポイントとは、「きちんと、早く、正確に」。

乱雑に数字を書き散らしているために、自分で書いた数字が判読不能になって答えを間違える子が本当に多いのです。

きれいに書く必要はありませんが、見誤らない程度にきちんと数字を書き、筆算の桁にズレがないようにそろえることです。それだけで計算ミスは、かなり減ります。

「早い」と「正確」は、頭の中でいかにうまく数字を処理するかで決まってきます。一番いいのは、「補数《ほすう》」の考え方を利用することです。補数というのは、2つの数字を足して一定の数になるとき、これらは互いに補数の関係にあるといいます。

小学校の計算問題で大事なのは「10」を構成する補数です。

「1と9」「2と8」「3と7」「4と6」「5と5」はそれぞれ補数の関係になります。

補数の考え方が身についていると、繰り上がりや繰り下がりのある足し算・引き算が出てきても、戸惑うことなく計算ができます。

たとえば、14＋8では、4に補数の6を足して、8－6＝2が1の位に残り、繰り上がりで10の位は20。答えは22となります。

文字にすると、ややこしく見えますが、補数がわかっていれば簡単なことです。

10min
補数を勉強

本当は、3年生くらいまでに身についているのが望ましい「補数」。もし定着していないようであれば、今からでも遅くないので、1日10分時間をかけて、ぜひ徹底を。

補数の学習には手作りフラッシュカードがおすすめです。まずは「10」を構成する補数から始めて、「15」や「20」を構成する補数にも挑戦させてみてください。

手作りフラッシュカードで補数をきわめる

速く正確な計算力を身につけるためにも、補数への理解を深めておきましょう。親子でゲーム感覚で楽しめる「手作りフラッシュカード」がおすすめです。

❶ 1～20までの数字を書いたカードを用意する

画用紙や厚紙をトランプくらいの大きさにカットし、1～20までの数字を書き入れます（5のカードのみ2枚作る）。

❷ お母さんがカードを1枚とり、その補数を子どもが選ぶ

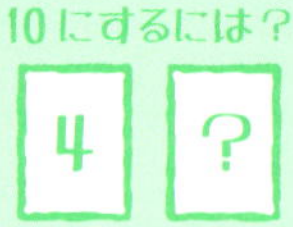

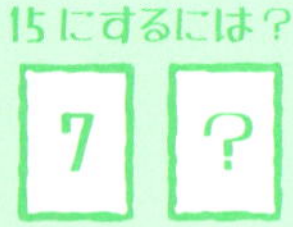

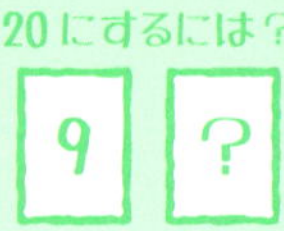

最初は10を構成する補数から始め、15や20を構成する補数にもチャレンジしてみましょう。お母さんがカードを選んだ瞬間に、子どもの手が動くようになるのが理想です。

14 「見る力＝読む力」を伸ばす10分音読法

子どもを教えていると、「聞く力」の不足だけでなく、「見る力」についても首をかしげたくなることが多々あります。

あるお母さんが、嘆いていました。

留守中に洗濯物を取り込んでくれるように、おやつのお皿の横にメモを残し外出したそうです。

ところが、帰宅すると洗濯物はベランダで風に揺れていた……。

子どもに「メモは読んだ？」と聞くと、

「ああ、あったね。読んだけど、忘れた」

シチュエーションは違いますが、学習の場でも同じような例にはいくらでも出くわします。

問題文を読ませたあと、何を問われているのかと聞くと、子どもは悪びれず「読んだけど、わからない」と答えるわけです。

言葉を聞く「聞く力」と文字を読む「見る力」は、同じように言語情報を扱うという点で似ているように思いますが、聴覚と視覚では情報の受信経路、入り方が違いますから、記憶の定着の仕方も異なってきます。

問題文を自分で読ませたら「わからない」と言っていた子が、こちらで問題文を読んであげたらスラスラ解けたということはよく経験します。

逆もまたしかり。

「見る力」が一番求められるのは、子どもの場合は、学校で先生の板書を読んだり教材を読むときでしょう。

先生の話を聞いて得る知識と、板書や教材を読んで得る知識の両方がミックスされて情報となり、学力を築いていくのですから、「見る力」も「聞く力」と同じように醸《じょう》成《せい》されていかなければなりません。

文字を見るというのは、人間に限った、他の動物にはない特殊な経験と言えます。

もともとは獲物や敵の動きを追ったり、危険から自分の身を守るのが「見る」という行為の主な目的だったはず。

ところが、長い年月をかけて、人間は文字から意味をとらえるという人間だけの特殊な能力を後天的に獲得した。

ですから、私たちが文字を見る場合、意図的に情報源に働きかけないと刺激が頭に入ってきません。

「音読10回」の宿題では効果なし

「見る力」をつけるには、自然に任せるのではなく、訓練が必要なのです。

文章を「読む」のは文字を「見る」のと同じですから、訓練の中心は文章を読むことです。

学習法で言えば、音読になります。

子どもに「見る力」が不足していると思うなら、音読を習慣化させることです。

なぜ黙読ではなく音読なのかと言えば、黙読では、目は言葉を追っていても頭の中にその言葉が入っていかないことが多いし、何より読み飛ばしが多い。

しかし、音読では読むことに集中しますから、斜め読みや読み飛ばしは起きません。

ところで、学校の宿題でよく、「音読10回、できたら保護者印を押す」というようなものが出されますが、「見る力」をつけるという観点では、この音読法は意味がありません。

10min 初見を音読

初見の文章がスラスラ読めることが大切なのです。

初めて接する文章を緊張感をもって読むからこそ、「見る力」を養う訓練になるわけです。

複数回読む必要はありません。

読むのは、教科書より文章レベルの高い塾の長文素材や問題集がいいでしょう。

音読後に問題を解く必要はありませんから、1日10分もあれば十分できますね。

あくまで、音読のためにだけ教材を利用する画期的な方法です。

15

音読で集中力がアップ！　学習の効果が断然違う

文字（文章）情報を記憶として脳に定着させるのに音読に勝《まさ》るものはありませんが、音読することで得られる効果は、他にもたくさんあります。

まずは、家庭学習の効果を高めるのに役立ちます。

学習時間や量を増やしたりせず、そのままでも、音読を取り入れるだけで学習内容に対する理解を深めることができるのです。

教科書にしろ問題集や塾の教材にしろ、算数の問題では、初めに何らかの説明が書いてあり、例題があって、それから問題を解くような構成になっています。

その説明のところを音読させるのです。

通常は、説明の部分はさっと黙読して問題にとりかかっていると思いますが、前にも言いましたように、黙読では、子どもはわかったつもりでも理解していないことが実に多いのです。

音読なら、集中していねいに読むことになるので、頭への入り方が違います。お母さんは勉強を教える必要はありませんが、そのかわりに音読を聞いてあげ、

「なるほどね。そういうことなのね」

「じゃあ、問題を解いてみる？」

などと声をかけてください。

お母さんが聞いていれば、いい加減な読みにはならず集中力も違ってきます。

先にご紹介した「1日10分の子どもミニ授業」は、こんなふうに説明文の音読を聞くという形でもいいのです。

時間にして、3～5分程度。これなら忙しいお母さんの負担にはなりませんね。

音読のあとは親子で感想を言い合う

音読の時間は、頭を使った親子コミュニケーションの場にもなります。

国語の長文を音読したら、読後に文章の感想を少しだけ言い合うような時間をもつ

といいでしょう。

文章というのは、今、読んでいるところだけ字面を追ってもうまく読めません。読み終えたところを頭の中にイメージとして残しながら、その先を読んでいく、「先読みの感覚」が必要です。

そうして文章全体を俯《ふ》瞰《かん》して読むことで、初めて感想を言うことができます。感想を言うことは、とても頭を使う読み方なのです。

「太郎君、かわいそうだね」

感想といっても、たったひと言、これだけで十分。お母さんから最後に何か聞かれるとなれば、読むときの集中力も違ってきます。

ただ、あまり細かいことに注意していると音読嫌いになったり、ていねいに読みすぎる習慣がついて、テストのときに時間切れになってしまうこともあります。「指導」に熱が入りすぎないように注意してください。

16 図形の苦手意識は大根1本10分で克服できる

「見る力」には、「イメージする力」も含まれています。

文章を読みながら場面をイメージして読解を進めたり、図形問題で頭にイメージを描いて空間認識をしたりするなど、学習の場ではイメージ力が頻繁《ひんぱん》に問われます。

イメージする力の差は、小学4年生くらいでものすごく顕著《けんちょ》になってきます。

たとえば、鈍角三角形の鈍角を頂点にして置いてあれば、底辺はここだとわかるのに、くるりと回して底辺の位置を変えると、わからなくなってしまう子が多いのです。

頭の中で回転した図形がイメージできるかどうか、これはやはり幼少時の経験が大きいと言わざるを得ません。

空間認識力に長《た》けている子は、小さいときにパズルやブロックなどでよく遊んでいるのです。

「4年生になってからでは手遅れでは？」と思われるかもしれませんが、十分に挽回《ばんかい》することは可能です。

大きくなってもイメージ力は増すものだという実例をご紹介しておきましょう。

ある東大生から聞いた話です。

彼は中学生のときに、二次関数が出てきたら数学がわからなくなってしまった。しかし諦めずに、ひたすら放物線をきれいに書くようにしたところ、何となく解けるような気がしてきて、結局、二次関数をクリアできたといいます。

この彼は、小学生の頃は立体が苦手だったために、消しゴムを問題に出てくる立体と同じ形に切って全方向から見えるようにして確認したそうです。

そうして、不明な部分は目に見える形にすることでイメージ力を育み、東大に合格するだけの学力をつけていったわけです。

私の教え子の中にも、こんな子がいました。

彼は八百屋さんの息子。算数の立体が、やっぱり苦手でした。

そこで、お母さんにお願いして、お店の大根を使い、立方体に切ったものを毎日5個くらい用意していただきました。

サイコロ大根をいろいろな方向から包丁で切らせて、切り口がどんな形になるかを実際に見えるようにしたのです。

最初、遊び半分で適当に切っていましたが、

「この角とこの角を結んで切ってみるとどう見えるだろうか」

などと少しずつ工夫をするようになり、2週間続けたら、すっかり立体に対する苦手意識は消えていました。

10min 立体を克服

この子は、東京の超難関中学校である開成中学に合格しました。

図形感覚を養うにはオセロや立体四目並べがおすすめ

イメージ力、特に算数に必要なイメージ力は、実際に手で触れられるものを用意して確認しながら鍛えるのが一番です。

10min 一緒に競う

すでに4年生になっている子なら、オセロがおすすめです。

平面的なパズル、幾何学図形を扱うタングラムパズルなどもいいですね。

立体感覚なら、黒白の玉を3Dで立方体に並べた立体四目並べがいいでしょう。

親子で四目並べをするなら、真剣勝負をしてください。わざと負けて、子どもに花をもたせる必要はありません。


親御さんは手を抜かずに勝負に臨んで、大いに子どもを悔しがらせてください。

勝つための秘策をお教えしておきましょう。対角線上に斜めに玉をそろえるように並べていけば、必ず勝てます。

この秘策を知らない子どもは、最初は負けます。

負けると悔しいから、「もう一勝負！」と何度も挑戦し、やがて攻略法に気づいて大人に勝てるようになる。

そこまでくれば、しめたものです。

立体感覚がしっかりと身についてきたと思っていいでしょう。

お母さんは、喜んで勝者の地位を明け渡してあげましょう。

17

論説文から逃げてはいけない

苦手科目というと算数を挙げる子が多く、お母さんの悩みもそこに集中しがちです。ところが、実は国語が苦手という子もけっこういます。

国語は、算数のように答えの○×がはっきりとせず、ファジーな要素が強い科目なので、つまずきがあっても表面化しにくい分、むしろ算数より深刻な問題が隠されているケースも少なくないのです。

問題が解決されないまま進級進学し、中学生になっても、文章同士のつながりや段落の関係性がまるっきり理解できない子はいくらでも見かけます。

とりわけ論説文になると、さっぱりという子が多いのです。

小学生でも中学生でも同じですが、説明文や論説文が苦手な子は、基本的な段落構造が理解できていないので、最初の段落が文章全体の中でどういう意味合いをもって書かれているかに意識が及びません。

締めくくりの最後の段落では何が語られ、筆者がそこで言いたいのは何だったのか、これもわからない。

それぞれの段落の必然性や脈絡、文の流れに目が行かないから、論理を前提にした文章の読み方ができないのです。

説明文・論説文は苦手でも、物語文ならそこそこ点数がとれるという子もいます。物語文のように情感的な内容なら、感覚が鋭ければ、あいまいな読み方でもある程度点数がとれてしまいますが、論理的な文章は感覚だけで読み切ることはできません。

感覚だけで何となく押し切ってしまうタイプの子は、国語に限らず、選択問題が出てきたときに、よく考えもしないで、それまでの答えの流れから当てずっぽうに答えを選んだり、本質的なことを理解しないまま、次のような（言葉は悪いですが）「小賢《こざか》しい受験テクニック」だけを身につけたりしていく傾向があります。

選択問題が出てくると、まず明らかに違うと思える選択肢から順番に消していきます。それでも、ひとつに絞り切ることはできず、だいたい正解候補が2つくらい残ります。

そこからあとは運だめし。

一か八かで答えるわけです。

それでも、正解できる確率は50％あります。

わかっていなくても得点できるので、子どもは「自分は国語が苦手」だという意識があまりありません。

もちろん、親も「わが子は国語が苦手」とは気づきません。

これが、親子とも国語の苦手を見すごしてしまう原因です。

勘で選ばせない

実は「運だめし」で解いているかどうかを見抜くことは、簡単にできます。

子どもがその選択肢をどうして選んだのか聞けばいいのです。

このとき、「どうしてエを選んだの？」と聞いて、

「だって、そう思ったもん」

なんて言葉が返ってきたら、それは勘だけで選んだということです。

いくら国語がファジーな科目とはいえ、論理的な思考を放棄するような向き合い方

10min

は真の学力とは程遠いもの。

子どもの知的成長を望むなら、改めさせなければいけません。

答えに至る道筋を説明できることが大切

どの教科にも通じることですが、「答えさえ合っていればいい」のではなく、なぜその答えにたどり着いたのかがきちんと頭の中で整理でき、説明できるようになることを、子どもたちは時間をかけて学んでいるのです。

そういう論理的思考を養っていくには、説明文・論説文は大変有効な教材です。

たとえ今は苦手でも、逃げることなく、またごまかすことなく、ていねいに学んでいってほしいと思います。

18 月1回10分のテストチェックで学習の「抜け」を発見

高学年ともなると、都合の悪いものは親の目から隠したがる傾向が出てきます。学校のテストを返却されるたびに見せることもなくなってくるでしょう。

しかし、大人になりつつあるとはいえ、自己管理をするにはまだまだ難しい年齢です。学習のつまずきや学習態度の乱れにいち早く気づくには、定期的に学校のテストをチェックして、学習の様子を把握していく必要があります。

10min 月1チェック

どの教科も1か月に行う単元テストはせいぜい1、2枚ですから、月に1回チェックをすれば十分でしょう。頻繁でなくてもいいのです。チェックする際のポイントは、その間違いは理解不足が原因か、それとも練習不足が原因かを見ることです。

テストを見て「おや?」と思う部分があったら、それは学び直して理解させなければいけないのか、単純に練習させれば済むのかを見分ける必要があります。

特に重要な算数と国語のポイントをお話ししておきましょう。

まずは算数。

数字の桁や計算を間違えることが多いのは、単純に計算練習不足が原因です。地道に毎日練習を重ねて、慣れさせればいいことです。

小学5年生以上では、計算ミスのほとんどが分数。分数の四則混合計算になると、半分くらいの子がうまくいっていないのではないでしょうか。

放置すれば、確実に中1の最初の段階でつまずくことになるので、今のうちにしっかり解決しておかなければなりません。

理解不足が原因で問題が起きやすいのは、「割合」「速さ」「比」。

前述したように、小学校の最重要単元です。

そもそも基本的な考え方が理解できていないことがほとんどなので、応用問題などはまず無理です。学校のテストでつまずいているようであれば、お母さん・お父さんが見てあげてください。

ただし、進学塾でのつまずきになると家庭での対応は難しいので、塾の先生に相談したほうがいいでしょう。

国語では、練習不足が原因で起きる間違いの多くは何と言っても漢字です。対策については、説明の必要はありませんね。地道に練習を繰り返すことです。

意外かもしれませんが、「読む」練習が足りなくて、つまずいていることもあります。たとえば、「文章を読んで問いに答えなさい」と設問にあるのに、まったく見当違いの答え方をしているような場合です。

理由を聞かれているのに、「～だから」という答え方の基本が守られていないばかりか、肝心の理由さえ書かれていないなど、設問と解答がまったく呼応していない。

このような解答をしてしまうのは、読解力が不足しているというより、もっと単純に「読む」ことに慣れていないのが原因であることが多いのです。

普段から授業を聞いていないから、こういうトンチンカンが起きるのです。学校の授業をよく聞き、言葉のやりとりに慣れる練習をしなければなりません。

集中力の鍛錬は生活習慣の立て直しから

授業が聞けない、座っているけれど授業は上の空というのは、集中力が欠如しているからです。

こういう子は、洋服を脱ぎっぱなしにする、机の上が散らかっている、忘れ物が多い、課題を提出しないなど、日常生活でもいろいろなことを面倒くさがる傾向があります。

逆に、生活習慣がきっちりとした几帳面な子は、学習面でも執着心を見せ、とことん考え抜いて問題を解こうとします。

どこで差が生まれたのかといえば、先天的な要素も多少はありますが、ほとんどは後天的な生活習慣に原因があります。

きついことを言うようですが、家庭の躾《しつけ》です。

部屋の片付けにしても持ち物のチェックにしても、子どもにやらせるよりも大人がやるほうが確実に早くできます。だからといって、先回りをして親がやってしまうのは考えものです。

もっと耳の痛いことを言えば、先回りをしがちな親御さんは、「子どもへの指示」→「きちんとできないことを叱る」→「仕方なく親がやる」という悪循環に陥っていることが、ほとんどです。

「やってみせる」→「やらせてみる」→「ほめる」

これを繰り返すことで、よい循環が生まれます。

まだ小学生です。今から取り組んでも手遅れということはありません。

19 やる気を引き出すプラス思考の言い方

理科・社会についても、同じようにテストのチェックは行ってください。

小学校の理科・社会は算数や国語と違って、基本的には家庭学習の必要のない教科と言われます。中学受験をする場合は別ですが、家で勉強することは求められていません。

テストには学校で習った範囲内からしか出題されませんから、点数が悪いのは授業を聞いていなかった可能性があります。

1か月に1回のテストチェックの中で、「これは……」と思う点があったら、「次からは、ちゃんと先生の話を聞いてノートもちゃんととろうね」と、ストレートに注意するしかありません。

60点、70点という点数を見ると心配になって、

「こんなことでは、中学校に行って落ちこぼれるわよ」

などと言ってしまいがちですが、思春期に入る高学年になると、親の脅《おど》しや叱責に素直に耳を傾けて勉強を始めることはまずありません。

「こんなことでは……」というトゲのあるもの言いで険悪な空気に包まれるより、

「こういうことをすると、こんなにいいことが待っている」

というプラス思考の言い方をしてみてください。

子どもは、案外従ってくれるものです。

テストで悪い点数が続くのは、子どもにとってもすごく嫌なことです。どんな子も、心の奥底では何とかしたいと思っています。

問題集をやるときは授業を思い出しながら

それでは、具体的に何をやるのかといえば、教科書準拠の問題集を手に入れてテスト前に復習しておくというオーソドックスな方法です。

ただし、その際の言葉かけがポイントです。

「授業を思い出しながらこの問題集をやっておくと、次のテストでいい点数がとれるわよ」

10min 言葉をかける

単純なひと言ですが、子どもにしてみれば、そんな簡単なことでいい点数がとれるようになるなら、友だちにも自慢したいし、「ちょっとやってみようかな」という気になるはずです。

シナリオ通りにうまくいくとは限りませんが、

「この前、あんな点をとったのだから、これをやりなさい！」

と高圧的に命じるよりは、よほど子どものやる気を生むでしょう。

これまでの言い方をすべて改めようとか、小言はけっして並べないようにしようと考えると、お母さんも大変でしょうから、まずは10回のうち1回は言い方を変えてみる。反応がよければ、少しずつ回数を増やしていけばいい。

それくらいの気持ちで続ければ、だんだん効果は表れてくるものです。

03

1日10分の
ノートチェックで
知識をピタッと定着させる

20 週一度の「10分ノートチェック」で授業態度を見きわめる

第1、2章では、子どもの学力を伸ばすためには、家庭でお母さんがどんなふうに子どもに働きかけ、サポートすればいいのかを見てきました。

この章では、学力に密接に関わってくるノートの使い方にフォーカスし、さらに話を進めていきます。

家庭教師として子どもを指導していると、その子がどんなに取りつくろってみても、受け答えひとつで学校での授業態度はだいたい透けて見えてしまいます。

ちゃんと前を見て授業を聞いているのか、授業には積極的に参加しているのか、疑問があれば先生に質問しているのか。

しかし、それは私がプロの家庭教師として数多くの子どもを教えてきたからわかることです。普段からよほど家庭学習に付き合っていない限り、わが子としか向き合っていないお母さんには、授業中の様子はなかなか見えてこないものです。

そこで、授業の様子を知る手段として活用してほしいのがノートです。

ノートは、学校の授業と家庭とを結ぶ重要な学習ツールです。書き方や内容を見れば、ある程度は授業の様子をうかがい知ることができます。

10min 字をチェック

まずは、ノートに板書がきっちりした字で書き写してあるかどうかをチェックしてください。

やる気がなければ、乱雑ななぐり書きで書き方の工夫もされていないでしょう。

やる気があれば、ていねいに書かれています。

10分もあれば、チェックできます。


一歩進めて、子どもと一緒にノートを見ながら授業を振り返るのもいいですね。

「このとき先生は何と言ったの？」

「どんなふうに説明してくれたの？」

などと質問して、子どもがきちんと説明できるかどうか。

学校の先生の話をよく聞いていれば、言いよどむことなく説明するでしょう。

「このときね、先生がつまんないダジャレを言ったから笑っちゃった」

とでも言ってくれたら、嬉しいですね。

先生のダジャレに反応したのは、授業に没入していたからこそ。

気づいた方もいると思いますが、これは「1日10分の子どもミニ授業」のひとつです。問題集などの教材を使う代わりに学校のノートを使って、「ミニ授業」をするわけです。

1週間に1回10分程度で十分。ノートのチェックをしながら、子どもと授業を振り返ってみてください。

10min ノートで振り返る

文字の乱れや書き方の注意は別の機会に

「ミニ授業」を始めても、乱雑な文字のノートを見ると我慢できず、

「もう少しきれいに書きなさい！」

「どうしてこんな書き方しかできないの！」

などと、小言が出てしまうかもしれませんが、せっかく子どもが話そうとしているのです。

そこで、お母さんの声のトーンが変われば、それだけで子どもは話す気を失い、「忘れた」と言い出すでしょう。

ノートチェックの目的は、あくまでも授業の様子を知ること。

文字の乱れは、授業の様子を知るための手がかりとしてチェックしますが、書き方についての注意は、別の機会に改めて話をするようにしてください。

小言が飛び出せば、本来の目的は見失われ、子どもとのやり取りが違った方向へ向かってしまいます。

21

10分アドバイス

「きれい」ではなく「同じ大きさ」に書く

ノートを見たときにパッと目につくのは、書かれた文字がきれいかどうかでしょう。きれいな文字で整然と書かれたノートを見ると、それだけで「勉強ができそう」と思ってしまいませんか？

しかし実際には、文字のきれいさと学力の高さは必ずしも一致しません。きれいなノートでも、書くことに気を取られて授業内容が頭に入っていない子もいれば、汚くても、自分なりの工夫を凝らしていて成績のいい子もたくさんいます。

私の知人に東大出身の某国立大学教授がいますが、彼の文字はいわゆる「ミミズの這《は》ったような文字」。小さな文字がチマチマと並んだ悪筆です。

ちなみに、弁護士をしていた彼の父上もまた、そっくりな悪筆でした。大人の例とはいえ、お二人が書いたメモを偶然目にしたときは、文字と学力はまったく別物と再認識した覚えがあります。

ノートに書いた文字がきれいに見えるかどうかは、実はバランスの問題です。遠くから見たときにバランスよく並び、読み間違うことのない、メリハリのある文字が〝きれいな〟文字と言えます。

近くで一文字一文字を見るとそれほどでなくても、遠目で見たときに、大きさがそろい縦横がそろってバランスよく文字が並んでいると、全体としてきれいに見えます。逆に、文字がバラバラに向き、大きさにも大小があると、統一感がなく遠目にも汚いものです。

学力と直接関係ないとはいえ、バランスが悪く汚い文字は、当然大きなデメリットがあります。

読みづらいですから、何と言っても誤読が多い。

算数の計算問題では、自分で書いた数字を誤読して間違えるミスがよく起きます。
筆算を書いても数字が縦にそろっていないため、位取りを間違うことも多発します。
図形の再現が下手というデメリットもあります。

文字の大きさがそろっていない子は、もともと手先が不器用で思い通りに指が動いてくれなかったり、鉛筆の持ち方がいい加減で筆圧が弱かったりします。

すると、文字が汚いというだけでなく、頭にイメージした図形をそのまま紙の上に再現するのが苦手で、算数の線分図の横線がきれいに引けない、図形や補助線が書けないといった問題が生じ、算数のつまずきの大きな原因になってしまいます。

授業時間を利用して、ていねいに書く練習

美しい文字を書く必要はありません。

練習して美しい文字を書こうというのは、大人でも一朝一夕にできることではありません。

しかし、ていねいに書くことはできます。

10min

字のアドバイス

特別に練習時間をもうけることはありませんから、学校で板書を写す際に、意識してていねいに同じ大きさで書くようにすればいいでしょう。

いっぺんに直そうとすると大変ですから、

「今日は国語のノートをていねいに書いてみようか」

「次は算数ね」

と1日1教科を目標にお母さんが声をかけてください。

10分もあればできるアドバイスです。

すると、だんだんバランスのいい文字へと改善されていくはずです。

文字バランスがよくなったら、次のステップとしてスピーディーに書けるようにします。

22

10分アドバイス

「思い出すきっかけキーワード」を書く

ノートのつけ方は、学年が上がるにつれ少しずつ進化していきます。

先生の板書をそのまま写す段階から、自分なりに書き方に工夫を加え、あとで復習しやすいようなノート術を身につけ始めるのです。


小学4年生までは、先生の板書をもれなく写していく段階です。

これくらいの学年の子どもは、授業を聞き、板書をていねいに書き写すだけで精いっぱいです。先生も板書するときに赤線を引くなどして重要度もわかるように書いてくれるでしょうから、そのままそっくりベタで写せばいい「ベタ期」です。


5年生になって、ようやく「工夫期」。

マークをつけたり、カラーペンを使ったり、余白を利用したり、やり方はさまざまですが、あまり力を入れすぎると、肝心の授業のほうがおろそかになる心配がありますから、工夫もほどほどがいいでしょう。

よくカラーペンを何色も使ってカラフルに彩《いろど》る子がいます。おそらく自分ルールのようなものがあって使い分けているのでしょうが、労力の無駄遣いです。

赤ペンが1本あれば十分です。多くても、青ペンを加えてカラーペンは2色まで。

ノートは授業を思い出すための道具であって、目的ではないのですから、時間をかけて色分けする必要はありません。

10min きっかけを書く

「授業を思い出すノート作り」としておすすめの方法をお伝えしておきましょう。

シンプルながら、効果の高い書き方です。

まず、日にちを書きます。そして、その授業を思い出すための、きっかけになるような言葉をちょっと書き添えておく。

「先生の赤いセーター」

「給食のカレーのニオイ」

「A君が大きなくしゃみ」

何でもいいのです。授業とまったく関係のない言葉でも構いません。

印象に残るひと言で場面を鮮明に思い出す

子どもというのは、授業の内容を言葉だけで覚えているわけではないのです。

そのときに着ていた服の色、ちょっとしたハプニング、窓の外から聞こえてきた音、給食のニオイ、そうしたいつもと違うちょっとした出来事が授業を思い出すスイッチ役を果たすのです。


実際、教え子にこんなことを言われたことがあります。

進学塾で教えていた頃の話です。

算数の難しい問題をひと通り教え、２か月後くらいにもう一度同じ問題が出てきたので再び説明したことがありました。

そのときに、ある女の子が
「先生、その問題は２か月前に３０１号教室で黒板の右側に書いて説明していたよ」

と言ったのです。

子どもはさまざまな情報と組み合わせて知識を記憶する

子どもは学習しているとき、知識だけを頭に入れているのではなく、音やニオイなどの周囲のさまざまな情報と関連づけて記憶しています。そのため、多少は“雑音”のある環境のほうが、勉強には適しているといえるのです。

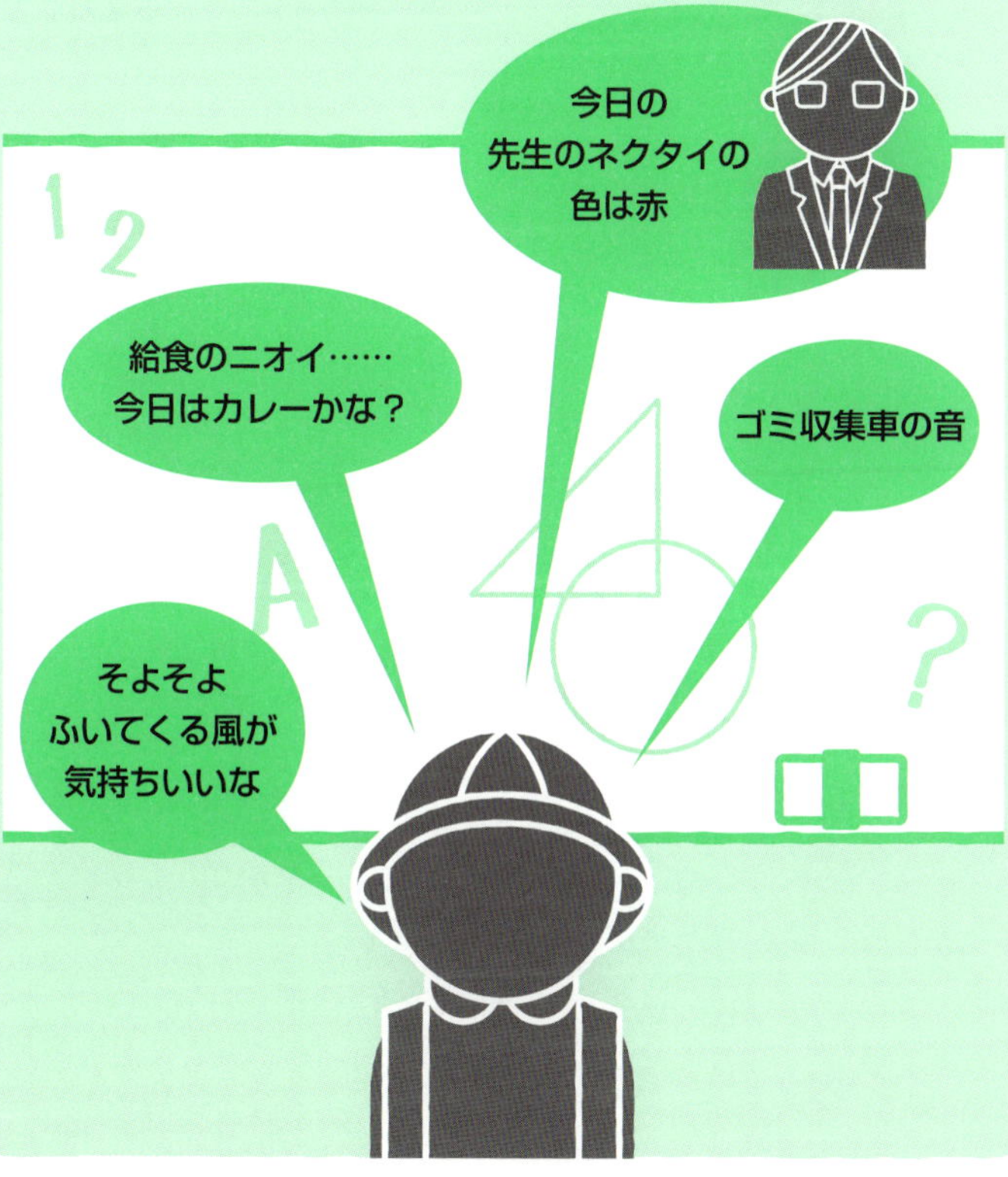
今日の
先生のネクタイの
色は赤
給食のニオイ……
今日はカレーかな？
ゴミ収集車の音
そよそよ
ふいてくる風が
気持ちいいな

説明した内容を克明に覚えているというより、そのときの状況が映像イメージとして頭に残り、算数の知識とリンクしていたのです。

まさに、シーンを丸ごと切り取って保存している。

子どもはそういう知識の保存の仕方をするので、きっかけになるひと言があれば、授業をパアーッと思い出すわけです。

印象深い状況が見つからなければ、先生の口真似を書いてみてもいいでしょう。

フキダシを書いて、中に「ここが大事！」などと先生の言葉をそのまま書いておきます。

この程度のことなら時間を要しませんから、授業の妨《さまた》げにならずにメモできます。

23 6年生ならマスターしたい1ランク上のノート術

小学6年生のノート作りは、基本的には5年生に引き続き「工夫期」です。

ノートは、授業を聞きながら要点を書き残して、あとで復習するためのものです。書くことで情報が整理されて何が重要なのかを知り、その過程で知識のネットワークが広がり、学習効果が高まります。

もちろんそれで十分なのですが、余裕のある子は、学習効果をさらに高めるノート術に挑戦してほしいと思います。


右から左へ、上から下へと書き写すのではなく、授業内容をいったん頭の中に留め置く方法です。

板書はクラスのどの子にも理解できる、あとで復習しやすいように懇切丁寧に書かれますが、力のある子には、

「ここはもうわかっている」
「これはもう覚えた」
などという、その子にとっては無駄な部分も含まれているはずです。

わかっていることは改めてノートにとる必要はありませんから、その子の判断で情報の取捨選択をして、ノートに書くのは必要最小限にとどめればいいのです。

結果的に、ノートに残されるのは自分なりに授業を整理した要約になっています。

つまり、先生の話を聞いて、その場で理解、記憶することができれば、ノートはどんどんシンプルになっていきます。

10min シンプルなノート

「マインドマッピング」にチャレンジ

「マインドマッピング」というノートの書き方をご存知でしょうか。

中央にキーワードやイラストをポンと置き、そこから四方八方に関連する言葉やイメージをツリー状に次々とつなげていく、イギリスで開発された記述法です。

慣れると、普通にノートをとるよりはるかに速く情報を書きとることができて、読み返したときの理解も深いと言われ、フィンランドや韓国ではすでに義務教育に取り入れられて、高い学習成果を上げています。

やや高度なノート術になりますが、6年生になれば不可能ではありません。

詳しくは、インターネット上や関連本などでも紹介されています。

それらを参考に、お母さん自身で興味のあるテーマ、たとえば「家事の省力化」「アンチエイジング」などをテーマにして、マップ作成にチャレンジし、方法を子どもに伝授してはいかがでしょうか。

高学年ならマインドマッピングでノートづくりにチャレンジ

マインドマッピングとは、まとめたい内容の中心となる言葉を真ん中に書き、そこから外に向けて言葉や説明をつないでいくノート術です。その子なりの知識のネットワークをつくることができ、理科や社会科の知識をまとめるときにおすすめです。

授業を聞きながら書くには、先生が話す内容を理解し、一つひとつの言葉や説明がどう関連しているのかを判断する必要があるので、短期記憶力が鍛えられます。

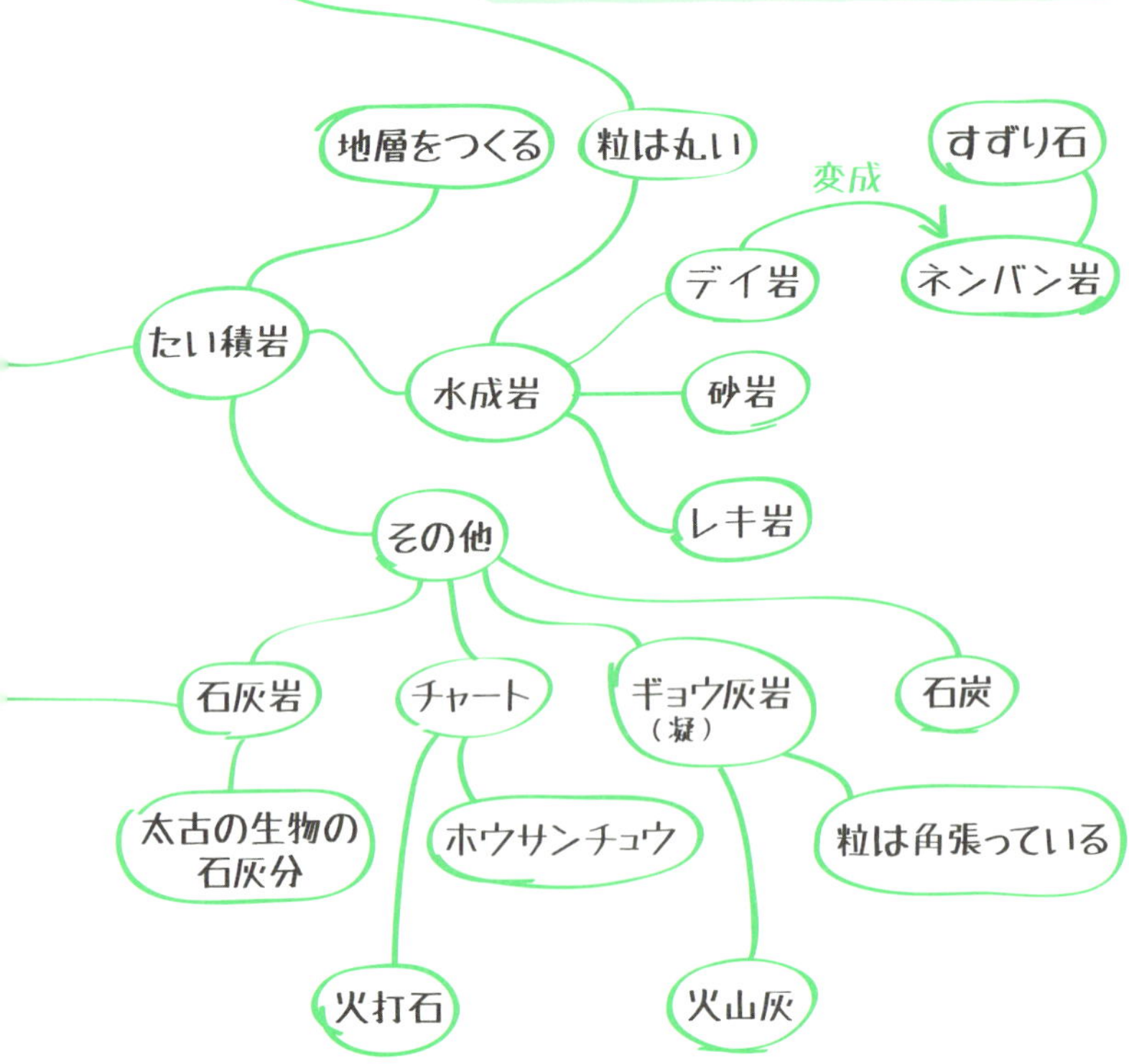

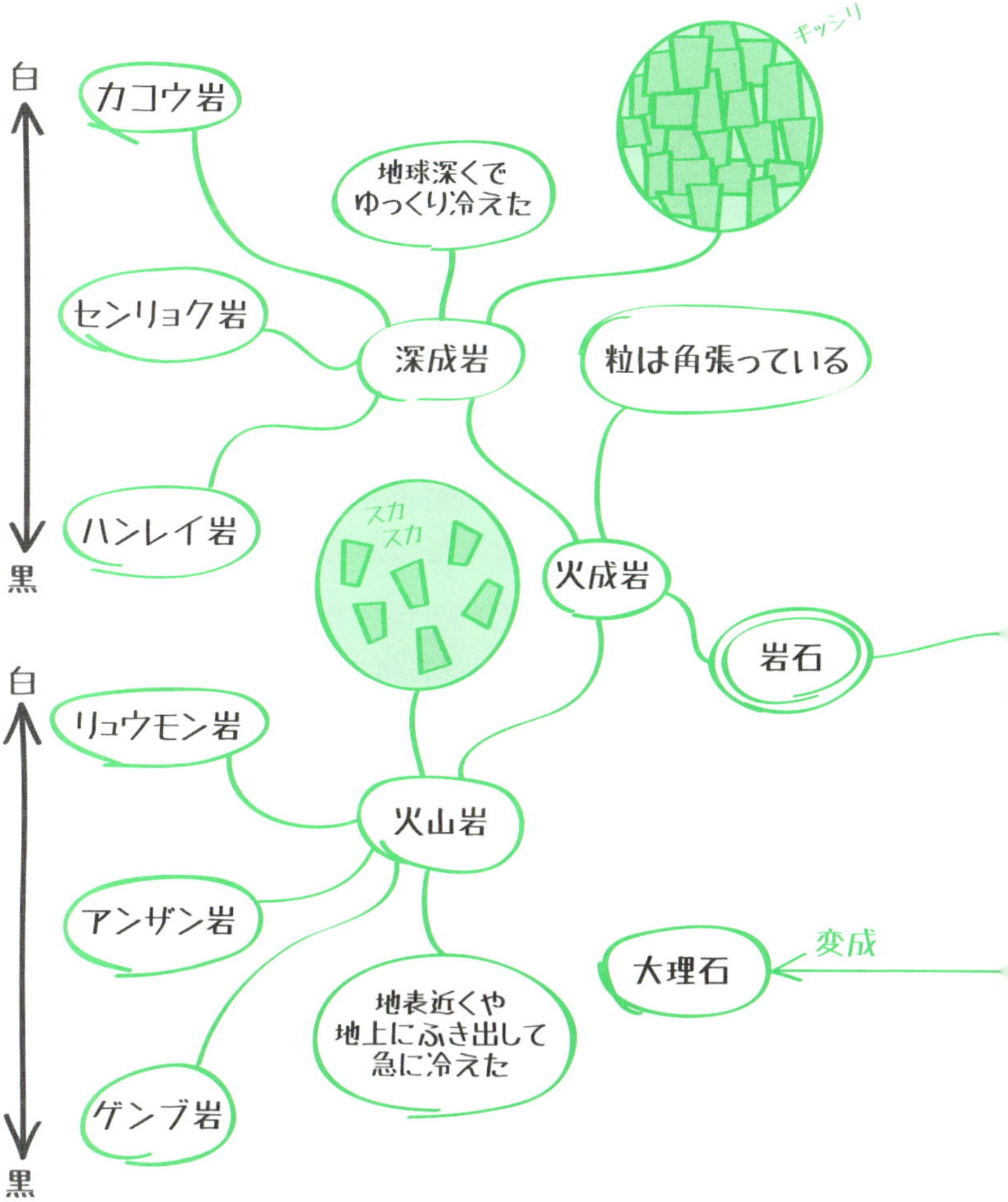
ギッシリ
白
カコウ岩
地球深くで
ゆっくり冷えた
センリョク岩
深成岩
粒は角張っている
ハンレイ岩
黒
スカスカ
火成岩
岩石
白
リュウモン岩
火山岩
アンザン岩
変成
大理石
地表近くや
地上にふき出して
急に冷えた
ゲンブ岩
黒

24 フリーハンドで書くから思考力や集中力がアップ

板書をそっくり写すところからスタートしたノート作りは、工夫を加えたオリジナリティのあるものに変わり、やがて余分な部分をそぎ落としてブラッシュアップされ、本当に必要な事柄だけが書かれたノートへと進化していきます。

前述したように、ノートは情報整理とあとで復習をするためのツールですから、求められるのは、ビジュアル的な美しさではなく、手際のよさです。

子どもたちを見ていますと、線を引くのにいちいち定規を使う子がいます。特に算数の時間が顕著で、分数の横線にまで定規を使う。

学校の先生の中には、定規を使うように指導する方もいるので、意見の分かれるところなのですが、私は、原則的にすべてフリーハンドで書くべきだと考えています。

学習に大切なのは、どんな場合も「正確さ」とともに「スピード感」です。

図形にしろ分数の式で使う横線にしろ、定規を使ってきれいに線を書くのではなく、フリーハンドでスピーディーにきれいに書けることが重要なのです。

フリーハンドで書くことは、時間の節約になるだけでなく、集中力や思考の緻密《ちみつ》さにもつながります。

たとえば、図形問題で「相似」を学習するときに、

「AとBは相似形になるはずだから、ここところを直線で結ぶと……」

と、線を引きながら解法を求めて思考をめぐらしますが、定規を使うと、そうはいきません。

考えながら作図するということがなく、定規を当ててスッと線を引いておしまい。思考の入るスキがありません。

小学生はだいたいマス目ノートを使います。見た印象をよくしたいのなら、マス目をうまく利用すれば、フリーハンドでも直線だけでなく円などもうまく書けるようになります。

いくら美しくノートをとっても、書いたノートを1か月後に見返すチャンスがある

かというと、まずありません。

小学生のうちは、ノートを見返すのは授業後せいぜい1週間くらいだけ。定期テストに向けて、知識や解き方をノートで確認するというようなことはありません。

つまり美しいノートは、先生に提出したときに花マルをもらえるという以外にあまり意味をなさず、時間と労力の無駄だと言えます。

あまりにも字が汚く乱雑なのはいけませんが、誤読しない程度の文字が書かれていれば小学生のノートとしては合格、十分です。

ノートチェックの際、見た目の華やかさや整然さをほめるのではなく、フリーハンドで正確に図形や線を書こうとした跡があれば、そこをほめてあげてください。

25 「○△×学習法」で算数の点数を劇的に上げる

小学4年生くらいから急に増えてくるのが、算数の伸び悩みです。

授業内容が難しくなって、今の単元が確実に理解できていないのに次に進んでしまう。あるいは、中学受験をめざして進学塾に通い始めたら、大量の宿題が出てプレッシャーになる。

そうした焦りから気持ちにゆとりがなくなって、学習意欲も低下。勉強はやっているのに、ちっとも成績が上がらなくなる。

成績が上がらないから、お母さんも一緒になって気持ちが焦ってしまい、「もっと勉強しなさい！」と子どものオシリを叩く。

見ているほうがつらくなるような、そんな親子を何組も見てきました。

算数に関しては、授業ノートを振り返るだけでは力がつかないし、かと言って、がむしゃらに問題にあたっても、できない問題が増えるだけで成果は得られません。

10min
「△」を復習

そこでおすすめしたいのが、私が考案した「○△×学習法」です。

授業中に出てきた問題を、どのくらい理解できたかで、「○」「△」「×」に振り分けて、家庭学習では「△問題」だけを集中して復習するのです。

無駄を省いて効率よく時間が使え、親子で取り組めるこの学習法を教え子に指導したところ、成績向上者が続出。高い成果を得ています。

自信のない問題への理解を深める

具体的にお話ししましょう。

授業の中で「はい、解いてごらん」と言われて、正解した、もしくはテストによく似た問題が出たら必ず正解できるという自信のあるものには「○」。

わかったけれど100%の自信はない、テストによく似た問題が出たら、必ず正解できるまでの確信がないものには「△」。

授業を聞いたけれど、さっぱりわからないのは「×」。

子どもが自分で印をつけるのですから、判断しやすいように、自問する言葉を決めておくといいでしょう。

たとえば、「テストに出ても絶対に大丈夫？」と子どもが自分に聞いてみて、「ＯＫ！」ならば「○」、少しでも不安があったら「△」、説明の内容がよくわからなかったら「×」。

このように、子どもと取り決めておきます。

印をつけるのは授業中。先生の説明が終わった直後に、小問ごとに問題番号のところに小さく書いておきます。

そして家に帰ったら、「△」の中の2問くらいをその日のうちに解き直してみます。2問というのは、通常、その日に習った課題のうち中心項目になるのはだいたい2問くらいだからです。

「△問題」を全部解き直さなくても、的を絞り、重要問題をその日のうちに確実に理解していくことで着実に力がついていきます。

基本的に「×問題」は復習しません。

わが子は、その問題を理解する能力にまだ達していないと判断するのです。

特に進学塾の場合、子どもの能力の限界を超えるような問題が扱われることはよくありますから、そこは割り切って
「今は無理をして理解する必要はない」

と考えます。

「×問題は、ずっと解けなくてもいいの？」

という疑問をおもちになると思いますが、心配は無用です。

算数のような積み上げ式の教科は、時間をおいて同じような分野を再び学ぶように学校でも塾でもカリキュラムが組まれています。

その間に力をつけておけば、あとで類似問題に再チャレンジすると、解けるようになっていることが多いのです。

今はできなくてもよしと考えてください。

「○問題」は正解したのですから、復習の必要はありませんね。

その問題については、無事に卒業ということです。

26 「○△×学習法」の効果をさらに高めるには

「○△×学習法」を実践してみると気づくと思いますが、学校の勉強で「×」がつくことは実際にはまれで、ほとんどが○か△のはずです。

4年生以降に勉強が難しくなるとはいえ、学校の勉強は、ていねいに学習すれば誰でも理解できるレベルの内容になっているからです。

10min 「×」に要注意

「×問題」は復習しなくてもいい、あとでまた出合うようになっていると言いました。

もっとも、5年生や6年生になっても、やっぱり類似問題がわからなくて「×」がつくようなら、それを放置するのは危険です。親がしっかりフォローし、どこでつまずいているのか明らかにしたうえで教えていく必要があります。

「△問題」については、学校の問題なら1問あたり3分くらいのペースで、その日のうちに解き直させます。

もし印のつけ方が雑だったり、おざなりに適当につけていると感じたら、解き直しの時間を「1日10分の子どもミニ授業」に変えてもいいでしょう。

「難しい問題なのに〝△〟だから、だいたいわかっているのね。先生になって、お母さんにも教えてくれる？」

「ここに〝△〟が5個あるけれど、この問題とこの問題をお母さんに説明してくれる？」

といった具合に声をかけて、理解度を確認。

適切に自分で判断でき、印が意味のあるものになるように導いてください。

04

塾の学習効果がぐんぐん上がる10分見守り

27 なるべく上のクラスに入れる塾を選ぶ

この章では、中学受験を考えているご家庭向けに、どうすれば塾通いを成功させられるかをテーマにお話ししたいと思います。

中学受験が成功するかどうかは、子どもに合った塾に通わせられるかどうかで決まるといっても過言ではありません。

その第一歩となるのが、塾選びです。

塾の選び方には、いろいろな方法がありますが、これだけは絶対に肝に銘じておいてほしいことがひとつだけあります。

それは、入塾テストでなるべく上のクラスに入れる塾を選ぶことです。少なくとも、最下位のクラスに入ることだけは、絶対に避けてください。

なぜかといえば、塾でのクラスを上げていくことは非常に難しいからです。

たとえば、日能研の場合、下のクラスと上のクラスでは授業時間数が違い、上のクラスのほうが長くなります。四谷大塚では、クラスごとにテスト問題のレベルが違います。つまり、クラスが違うと、授業の質・量、取り組む問題も違ってくるわけです。しかし、ほとんどの塾で一か月に一度あるクラス分けの総合テストの問題は共通です。そのため、一度下のクラスに入ると、たとえそのクラスでの成績が良くても、クラス分けの総合テストでは、上のクラスの子より良い点数をとることが非常に難しくなります。下のクラスの子には見たことのない問題も出てくるのだから、解ける問題は限られてしまいます。

このように、進学塾では、一度下のクラスに入ってしまうと、そこから這い上がるのが難しい仕組みになっているのです。

それだけに、入塾テストで少しでも上のクラスに入れるよう、事前に準備しておくことが重要になります。

28

入塾前2か月間の勉強で学力の底上げをする

では、塾で少しでも上のクラスからスタートするためには、どのような勉強をいつから始めればいいのか。

まずは、塾のテストに対応できるようにすることから始めましょう。塾のテストと学校のテストでは、レベルが違います。

10min 国語は長文対策

たとえば、国語の場合、学校のテストよりも文章量がはるかに多いので、慣れていないと、問題文を見た瞬間に面食らってしまい、解答する意欲を失ってしまう子もいます。

4年生から塾に通わせるのなら、市販されている3～4年生用の中学受験対策ドリルで長文対策をしておきましょう。

10min 算数は文章問題

算数では、文章問題に慣れておくことと、それまでに習った計算問題の復習が大切です。また、問題量が多いので、自分なりに時間配分もできるようにしておきたいですね。普段の学習から、「○分で○ページやり終える」など、目標時間を決めて勉強するといいでしょう。

入塾テストは通常の総合テストを受けるという形が一般的ですから、できれば塾の先輩ママから2～3回分の総合テストを借りて、チャレンジしてみるといい対策になります。

入塾テストの対策は、塾に通う2か月前には始めておきましょう。一般に新4年生となる3年生の2月から通塾する子が多いですが、その場合は、前年の12月からということになります。

なお、ほとんどの塾で新4年生時の入塾テストは国語と算数の2教科ですが、それ以後になると理科と社会を含めた4教科のテストを受けさせるところも少なくありません。塾に通うなら新4年生時から始めたほうが、子どもの負担も小さくなります。

29

10分で子どもの大変さを理解することから始める

入塾テストでいい点数をとり、上位のクラスに入ることができたら一安心、というわけにはいきません。

「中学受験は親子二人三脚で乗り越えるもの」とよく言われるように、塾で順調に成績を上げていき、志望校合格にたどりつくまでには、親のサポートが不可欠です。

勉強を教える必要はありません。勉強しやすい環境作りや、学習への意欲を高める言葉かけなどを通じ、中学受験という厳しく長い道のりを子どもとともに歩んであげてほしいのです。

ここからは、塾通いをする子どもをサポートする方法をいくつか紹介していきます。

まず取りかかってほしいのは、子どもの学習状況の把握です。子どもが今どのようなことに取り組んでいるのかわからなければ、適切なサポートはできません。

方法は簡単です。10分もあれば、できてしまいます。

10min 宿題をサポート

子どもが塾から帰ってきたら、その日に出された宿題を聞き、内容をメモするだけ。

これを一週間続けると、だいたい平均的にどのくらいの量の宿題が出ているのかわかります。そして、子どもがその宿題をすべて片付けるには、どのようなスケジュールを組めばいいのか考えてみるのです。学校の宿題をやる時間や塾で学んだことを復習する時間なども組み込むことを忘れないでください。

これで、1日当たりの勉強時間が見えてきます。

こうしてできあがった学習スケジュール表を見ると、

「こんなに勉強できるのかしら？」

という疑問をもつお母さんがけっこういるはずです。

実は、そう思っていただくことが、このスケジュール表を作る目的のひとつ。子どもが、どれだけ大変な思いで塾通いをしているのか理解してほしいのです。

それがわからないと、受験家庭のお母さんは、子どもに無理のない適切な学習量に調整したり、効率的な学習法を考えたりしようという気持ちになってくれません。

勉強のしすぎが伸び悩みの原因になっている

塾で伸び悩んでいる子のお母さんたちから、次のような相談をもちかけられることがよくあります。

「うちの子は、もうこれ以上がんばれないくらいがんばっているのですが、なかなか成績が伸びず困っています」

そういうお子さんは大勢いますから、ここまでは私にもよくわかります。でも、それに続く言葉が理解できません。

「他に何かいい問題集はないですか？」

「他にどんな勉強をさせればいいですか？」

「もうがんばれないくらいがんばっている」と言っておきながら、「他にもっとやらせたい」と言う。言葉とは裏腹に、子どもの大変さを理解できていないのです。

低迷する成績をなんとか改善したいという気持ちはわかりますが、これでは子どもはパンクしてしまいます。

実は、塾での成績が上がらない原因の多くは、勉強不足ではなく勉強過多のケースが非常に多いのです。

つまり、塾から渡される膨大な量のプリントをひたすらこなすことだけに忙殺《ぼうさつ》され、学んだ知識を自分なりに理解し、使いこなせるようにする余裕を失っているため、成績が伸び悩んでいるわけです。

このような事態に陥らないためにも、子どもが毎日どれだけ学習しているかを親がしっかり把握し、ときに息抜きをさせるなど心身のケアをしてあげることが非常に大切になります。

30 「宿題10分仕分け術」で子どもの負担を軽くする

塾通いを成功させるには、学習量をうまくコントロールして、子どもの負担軽減を図ることが重要です。

とはいえ、わが子だけ他の子よりも学習量が減ってしまうことに不安や抵抗を感じる親御さんも多いはず。

しかし、勉強はもちろん量も大切ですが、何より質の高さがものを言います。質の高い学習をすることで、量の不足を補うことができるのです。

では、学習の質を高めるにはどうするか。

私がおすすめしたいのは、第3章で紹介した「○△×勉強法」です。

「○△×勉強法」とは、必ず正解できる問題に○、わからない問題に×、なんとなくわかるけど正解できるかどうか自信のない問題に△をつけ、△の問題を重点的に繰り返し学習することで、知識の定着を図るという学習法です。

これを応用して、その日に塾で習ったことで、完璧に理解できたものは○、わからなかったものは×、自信がないものは△をつけます。

そして、宿題の中から、△の類題を探してピックアップし、優先して取り組ませるのです。

10min 「△」の類題を見分ける

子どもにはどれが△の類題か判断がつかないことも多いので、お母さんが手伝ってあげてください。

たとえ問題は解けなくても、類題かどうかを見分けるのは、大人の目にはそれほど難しいことではありません。10分もあればできるはずです。
○や×の問題をどうするかは、子どもに任せても構いません。
ただし、塾や校舎によっては、宿題をやったかどうかをチェックするところもあります。

もしやらなかった場合は、塾の先生にひと言連絡しておいたほうがいいでしょう。

31

成績がぐんぐん伸びる！ 1ランク上の家庭学習〈算数編〉

「塾の勉強は難しくて、教えたくても教えられない」

そんなふうに思っているお母さんは、少なくありません。

確かに、算数の解き方などを教えるのは、専門知識のないお母さんたちにはかなりハードルが高いでしょう。しかし、子どもがより質の高い学習をする方法を教えたり、サポートしたりするのは、それほど難しいことではありません。

ここからは親のちょっとした工夫やサポートで、家庭で学習効果をより高める方法を2つ紹介します。

まずは最も重要な教科といえる算数。これは「○△×勉強法」が一番です。

自力で解き直してはみたけれど、自信がなさそうだ、類題がテストに出たら解けないかもしれないという心配がある場合は、お母さんの出番です。

算数の成績がぐんぐん伸びる！　○△×勉強法

「ちょっと自信がないな」と感じる問題を確実に解けるようにすることで、テストの点数が上がります。

① 問題集を解いたあとで、○△×をつける。

完璧にできる⇒○
ちょっと不安かも⇒△
わからない⇒×

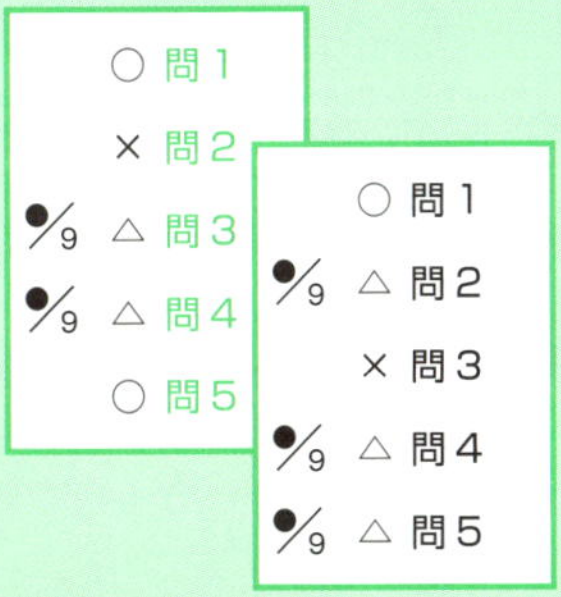

△の横に再チャレンジする日付を書いておきましょう。

② △を集めたオリジナル問題集を作ってチャレンジ！

再確認が必要そうな「△問題」だけをコピーしてノートに貼り、オリジナルの問題集を作り、「確認テスト」の前などにチャレンジします。必ず問題はシャッフルし、貼る順序はランダムに。記憶に頼ることなく、どんなパターンで出題されても解けるようにしましょう。

10min オリジナル問題集

自信をもって○に変えられなかった「△問題」を集めた、お母さんお手製のオリジナル問題集を作ります。

再確認が必要そうな「△問題」だけをコピーしてノートに貼り、問題集を作り上げるのです。必ず問題はシャッフルし、貼る順序はランダムに。

記憶に頼ることなく、どんなパターンで出題されても解けるようにします。

各塾だいたい1か月に1回「確認テスト」がありますから、テストの日にちが近づいたら、自信のない「△問題」をオリジナル問題集を使って解き直します。

自分の弱点問題集ですから、確実に弱点補強ができて効率的な復習ができます。

一度は解いたけれど自信のないままになっている「△問題」は、1か月もすれば、子どもはだいたい忘れますが、ちょっとしたきっかけがあれば、すぐに思い出します。

△印のところに再チャレンジをする予定の日づけを書き込んでおきましょう。

すると、その日づけをきっかけに「この問題は、この日にやろうと思っていたんだ」と思い出し、解法を思い出すきっかけにつながるでしょう。

32 成績がぐんぐん伸びる！ 1ランク上の家庭学習〈国語編〉

国語、つまり日本語への理解を深めることは、他のさまざまな教科にも影響を及ぼしますが、特に重要なのは語彙を増やすことです。

というのも、子どもは長文の中に2つ3つ知らない言葉があると、それだけで「この問題は解けない」と思い込みがちだからです。

では、漢字や熟語をたくさん覚えさせればいいのかというと、そう単純な話ではありません。

漢字は書けても、使い方がわからない、意味がわからないということが往々にしてあるのです。

だからこそ、言葉の意味が理解できるように、お母さんがサポートしてあげることが重要になります。

わからない言葉は具体的な場面をイメージさせる

さて、ここでみなさんに普段の子どもとの会話を思い出してほしいのですが、子どもからお母さん自身も知らない言葉の意味を質問されたとき、どう答えていますか。

ほとんどの人が「辞書で調べなさい」と答えているはずです。

中には、親が率先して学ぶ姿勢を示すために「お母さんもわからないから、一緒に辞書で調べようか」と自ら辞書に手を伸ばす人もいるでしょう。

しかし、辞書で調べただけで、子どもが「わかった」と納得するケースは意外に少ないのです。

なぜなら、子どもがわからない言葉というのは、大半が抽象的な意味の言葉ですが、そういう言葉を辞書で調べても、抽象的な言葉が別の抽象的な言葉に置き換わっているだけだからです。

実際、『広辞苑』で「思慕《しぼ》」という言葉を調べてみると、「恋しく、なつかしく思うこと」と書かれています。

大人の感覚では、この説明でも十分理解できますが、子どもにはけっこう難しい。「恋しい」とか「なつかしい」という言葉自体、抽象的で子どもにはイメージしづらいのです。

10min 使い方を教える

そこで、お母さんには、その言葉はこんな使い方ができると説明してあげてほしいのです。

先の「思慕」を例に挙げれば、

「転校した仲のよいお友だちとまた遊びたいなと思うときには、『○○くんへの思慕』という使い方ができるんだよ」

「田舎のおばあちゃんと会いたいときは『おばあちゃんへの思慕』だね」

この程度の説明で構いません。

具体的な場面をイメージすることで、子どもは感覚的にその言葉の意味をつかめるようになります。

33 成績がぐんぐん伸びる！ 1ランク上の家庭学習〈社会科編〉

10min

書かせる一問一答

社会科は、お母さんが問題を出して子どもが答えるという1問1答形式の学習法が効果的です。親子で楽しみながらクイズ感覚でできるので、おすすめです。

これはすでに実践しているご家庭もけっこういらっしゃると思いますが、口頭でやりとりしているケースが多いのではないでしょうか。

それでは、学習効果も半減してしまいます。

子どもに答えを書かせることが大切です。

社会科は、この言葉は漢字で書けなければ減点という漢字指定があるので、書けるかどうかはとても重要なのです。

また、子どもはテキストに太字で書かれているキーワードだけ覚えようとしがちなので、なぜそういう事象が起きたのかを出題すると、より深い知識を身につけることができます。

最近の入試では、社会科も記述問題が大きなウエイトを占めつつあり、ここで点数がとれるかどうかが合否のカギを握る場合もあります。

こうした問題は、キーワードだけ覚えていても解けません。そのキーワードにまつわる、歴史的背景も含めた知識のつながりが必要です。

そうした知識をしっかり身につけておけば、多少文章がたどたどしくても部分点を稼ぐことができます。

本番の入試では、1点の差で合否が分かれることは当たり前にあるので、たかが部分点とあなどれませんね。

34

成績がぐんぐん伸びる！ 1ランク上の家庭学習〈理科編〉

理科は、暗記と計算ができれば大丈夫と思い込んでいるお母さんがけっこういます。しかし、計算はともかく、暗記すれば点数がとれるようになるという考え方には、私は賛成できません。

もちろん、必要な知識を暗記することは欠かせませんが、理科でも大切なのは、「なぜそうなるのか？」と「だったらどうなるのか？」を筋道立てて考え、説明できることです。

この「筋道立てて考える力」は、特に天体の動きなどで重要になります。

たとえば、月は日によって見える形や出没の時間が違います。塾によっては、上弦、満月、三日月などと月の名称をすべて書き出して、それらの出る時間や沈む時間を全部覚えさせるところもありますが、大変な労力です。

しかし、せっかく苦労して暗記しても、「なぜそうなるのか？」がわかっていないので、少しひねった問題を出されると、途端に解けなくなってしまいます。

一方、月の動きの仕組みそのものを理解しておけば、「なぜその時間に月がその形で見えるのか？」を自分なりに考えられるので、応用力が問われる問題にもしっかり対応することができます。

10min

思考グセを育む

もちろん、「なぜそうなるのか？」をお母さんが子どもに教えることは難しいでしょう。しかし、子どもが「なぜそうなるのか？」と考えるクセを身につけさせることはできるはずです。

それにはまず、お母さん自身が自然や生物などに「なぜだろう？」と興味を示すことです。

その場で答えが出なくてもかまいません。

「なぜだろう？」と考えること自体が、物事を深く理解しようとする姿勢を育む第一歩になるのです。

35 成績がぐんぐん伸びる！ 1ランク上の家庭学習〈記述力編〉

中学受験では、科目を問わず「書かせる」問題が年々増加する傾向にありますが、「書くことが苦手」という子どもは相変わらず多いですね。

「書く力」は一朝一夕に伸びるものではありません。コツコツと地道な積み重ねがものをいうので、なるべく低学年のうちから土台作りにとりかかっておいたほうがいいでしょう。

といっても、特別なことをする必要はありません。

算数の問題を解くときに、ノートに式を書く習慣をつけることから始めればいいのです。

記述が苦手な子に算数の問題をやらせると、解答用紙に計算しか残っていないことが多いのですが、これは思考過程を残すという意識がないからです。

10min

過程を書かせる

「書く力」とは、基本的に自分自身の思考過程をアウトプットする能力のことです。

思考過程を数字で表現するか言葉で表現するかの違いだけなので、算数で答えを考える前に図や式を書くクセをつけることで、少しずつ「書ける」ようになっていく子がけっこういるのです。

「算数では必ず答えだけでなく、式や図も書いてね」

こうアドバイスするだけなので、1日10分どころか、ほんの数秒で済みます。

今日からすぐにでも始めたい習慣ですね。

36 塾に行く前のひと声で集中力が大きく変わる

塾に通い始めた当初はやる気まんまんだったのに、時間が経つにつれて、やる気が落ちてきたり気持ちが緩んできたりする子どもは少なくありません。

当然ながら、漫然と授業を受けていたのでは、先生の話も頭に入りません。

そこで、塾に行く前に、勉強する気持ちを整えるひと言が大切になります。


では、どんな言葉をかければいいのでしょうか。

「先生の話をちゃんと聞いてくるのよ」

お母さんがよく言いがちな言葉ですが、これでは子どもはそのためにどうすればいいのかわかりません。

もっと具体的な行動をアドバイスしてあげたほうがいいでしょう。

たとえば、

10min

具体的アドバイス

「先生がしゃべっているときは、ちゃんと先生のほうを見て聞いてきましょうね」

これなら、子どももどういう姿勢で授業に臨めばいいのかわかりやすいですね。

一度言っただけでは、子どもはすぐに忘れてしまうので、塾に通うたびに、繰り返し言って送り出します。10回は続けてほしいですね。

さすがに、子どもも同じことを言われ続けるのにうんざりしてきたようなら、こんな言葉に変えてみてはいかがでしょうか。

「ちょっとわからないことが出てきたとしても、そのあともちゃんと聞いてこようね」

わからないことがあれば、そこを追求したほうがいいのではと思うかもしれませんが、子どもというのは、ひとつわからないことがあると、そのことが気になって、先生の話が耳に入らなくなることが多いのです。

これでは、せっかく先生がそのあとに大切なことを話しても、ぜんぶ聞き逃してしまいます。

だからこそ、わからないことがあっても、とりあえずそれは頭の片隅に追いやって、集中して目の前で先生が話していることを聞き続けることが大切なのです。

先生の話を聞いているうちに、最初はよくわからなかったことがはっきりわかるようになるということも少なくありません。

せっかくの貴重な授業時間を無駄にしないためにも、子どもが塾に行く前にはひと言、声をかけてあげることを忘れずに。

37 塾弁に添えるひと言メッセージでやる気をかきたてる

中学受験をする家庭では、新4年生から塾通いを始めるのが一般的です。ということは、受験本番まで丸3年間、塾に通い続けることになります。

これは、子どもにとって体力的にも精神的にもかなりの負担です。

だからこそ、お母さんには、折に触れてねぎらいや励ましの言葉をかけてあげてほしいのです。

それは、何も言葉で直接伝えるばかりではありません。

私がよくおすすめしているのは、子どもに持たせるお弁当、いわゆる「塾弁」ですね、これにひと言メッセージを添えるという方法です。

やる気メッセージ

「勉強、おつかれさま」

「がんばって勉強してくれて、お母さん嬉しいわ」

「昨日はあまり寝てなかったから、今日はつらいだろうけど、がんばってね」

このようなメッセージをカードなどに書いて、お弁当箱と一緒に包んでおくのです。


メッセージは、ねぎらいや励ましの言葉に限りません。

家に帰ったら、楽しいことが待っているという期待を与える言葉も効果的です。

たとえば、

「今日はケーキを買っておくから、帰ってきたら一緒に食べようね」

「明日はお休みだから、家族みんなで遊園地に行こう！」

といったメッセージです。

ときには、少しユーモアを交えて、

「こら、寝るな！」

なんて書いてみるのもおもしろいですね。

イラストが得意なお母さんなら、子どもの好きなキャラクターを描いてあげるのもいいでしょう。

とにかく、ひと言でもいいので、何かお母さんの存在をふと感じて、温かい気持ちになれるような言葉をお弁当に添えてあげてほしいのです。

お母さんのメッセージでやる気を引き出す

塾の授業はお弁当の時間をはさんで前半と後半に分かれています。前半の授業が終わって、お弁当を食べると眠くなってしまいがちですが、そこで、「もう1回がんばろう」という気持ちになれるかどうかで、成績も違ってきます。

お弁当に添えたお母さんのメッセージには、そこで子どものがんばりをあと押しする力があるのです。

なかには忙しくて、お弁当を作る時間のないお母さんもいるでしょう。毎回でなくても構わないので、月に一度くらいは、メッセージを添えた手作りのお弁当を作ってあげると、子どもは喜びます。

38 塾の先生との10分会話でわが子の学習状況をチェック

わが子の塾通いを成功させるには、塾の先生とも「いい関係」を築いておくことが大切です。

何も親しくなる必要はありません。

あなたが「○○くんのお母さん」なのだと印象づける程度で構わないのです。

これは、成績が順調に伸びているときには大した意味をもたないのですが、学習でつまずいたときなどには、けっこう役立つのです。

というのも、特に大手の塾では、基本的に子ども一人ひとりの問題をケアしてくれないからです。

たとえば、子どもが算数の「速さ」でつまずいていることを塾に相談したとします。

塾側はどういう対応をするか。

「テキストの『速さ』のページをもう一度やり直しさせてください」

これが典型的な回答ですが、正しいアドバイスとは言えません。

なぜなら、その子が苦手にしているのが、「速さ」のどの項目かがわからないからです。「旅人算」なのか「通過算」「流水算」なのか、はたまた「時計算」なのか。

解き方で言えば、「状況図」なのか「ダイヤグラム」なのか、「時間と速さの逆比の利用」なのか。

「速さ」という広い単元の中から、その子が苦手としている項目をピンポイントで抽出するとともに、家での勉強の仕方まで分析してみて、はじめて本当の適切な指導が可能だからです。

しかし、ほとんどの塾では、そこまでの対応はしてくれません。

塾が冷たいというより、そもそも進学塾というのはそういうシステムなのです。

とはいえ、先生も人の子。普段からよく顔を合わせているお母さんの子どもには、塾のシステムの枠を超えて、親身になって力になってあげたいという気持ちになるものです。

そこで、先生とのコミュニケーションが大切になります。

10min 塾の先生を味方にする

塾の先生というのは、授業開始前や授業後30分くらいはすごく忙しいのですが、昼間の時間や授業開始2時間前くらいなら、話を聞いてくれる時間があるものです。

そういう時間帯を見計らって、ちょっとした手土産でも持って、

「近くに来たので、ちょっとご相談を」

と言って、何回か顔を出しておくといいでしょう。

忙しいお母さんなら、電話をかけるだけでも構いません。

ただし、あまり長話をすると、先生も迷惑でしょうから、10分ほどで切り上げるようにしてほしいですね。

39 難しい「転塾」を10分で見きわめる方法

お母さんがしっかりサポートしていたとしても、なかなか思うように成績が伸びてこないと、「今の塾をやめて、他の塾に通わせたほうがいいのでは」と考えることもあるでしょう。

しかし、すぐに決断を下すのは待ってください。

その前に、まず成績低迷の原因がどこにあるのかを確かめなければ、変わった先の塾でも同じことの繰り返しになりかねません。

成績低迷の原因は、だいたい次の3つのいずれかである場合がほとんどです。

①先生の教え方が悪い
②わが子の勉強の仕方が悪い
③わが子と先生の相性が悪い

このうち、わが子と先生の相性は、割と簡単に見きわめられます。

子どもに先生のことをどう思っているのか聞けばいいのです。

塾によっては、先生が大きな声で叱咤激励する教え方をしているところもあります。そのような、いわゆる「体育会系のノリ」が合わない子もいるので、そうした場合は転塾も選択肢のひとつです。

転塾するかどうかは子どもの意欲次第

低迷の原因が先生の教え方にあるのか、わが子の勉強の仕方にあるのかを見分けるには、家庭での学習方法や態度を見てみるといいでしょう。

とりあえず勉強すればいいと思ってやっているのか、それとも、しっかり理解したいと意欲をもって取り組んでいるかを見きわめるのです。

意欲がない子はたとえ塾を変えても、成績が改善されることはまずありません。

一方、意欲はあるのに低迷しているのなら、原因は先生にあるということです。

10min 子の学習意欲を見る

見ただけでは判断がつかないのなら、子どもが解いた算数の文章問題を使って質問してみるとはっきりします。

「どうしてその式になったの？」

と聞いて、たどたどしくても自分なりの言葉で説明しようとするのは、学習意欲がある子です。

「だって、先生がそう言ったから」

と返ってくるようでは、おざなりに学習している証拠です。

40 子どもの「塾は楽しい」に隠された罠

転塾の時期を逃してしまう大きな理由のひとつが、「子どもが、塾通いを楽しんでいるから」というものです。

たとえ成績が伸び悩んでいても、子どもが楽しんで塾に通っているのなら、親としてはなかなか「やめなさい」とは言えません。

しかし、子どもの言う「塾は楽しい」を額面通りに受け取るわけにはいきません。塾の営業戦略にうまくのせられている可能性があるからです。

塾の中には、下位のクラスの子どもを「生徒」ではなく「お客さん」ととらえているところもあります。

つまり、合格実績ではなく売上高を伸ばすための存在です。

宿題が多いことで知られているある有名進学塾では、一番下のクラスは宿題がほとんどありません。

あったとしても、「こんなに簡単でいいの？」と心配になってしまうようなやさしい問題ばかりです。

クラスを担当する先生も、勉強を教えることよりもパフォーマンスに秀でた人が当てられます。

こうした先生は教室内を明るい雰囲気にして、子どもを「わかったような気」にさせることがとてもうまいので、子どもは授業中、楽しい気持ちですごせます。

実は、子どもを「わかったような気」にさせることは、塾の先生にとって非常に大切な能力なのですが、それが子どもの学力向上に結びついていないのであれば本末転倒です。

授業中は教室に楽しい雰囲気が溢《あふ》れ、宿題も少なく、簡単な問題しか解かなくていいのだから、子どもが「塾は楽しい」と思うのも当然です。

しかし、これでは何のために塾に通っているのかわかりません。

こうした状況は、下位のクラスだけに限りません。

真ん中あたりのクラスでも、「塾は楽しい」と言いながら成績がどんどん下がっていく子がいます。

そうした子は、先生の言う冗談が楽しいとか、友だちと遊ぶのが楽しいとか、勉強の本質とは関係ない部分で「楽しい」と言っていることがよくあります。

10min 転塾の見きわめ

ですから、お母さんには、子どもが何をもって「塾は楽しい」と言っているのか、しっかり確認してほしいのです。

そして、塾通いの本来の目的とは違うところで「楽しい」と言っているのなら、少しかわいそうですが、塾を変えることを真剣に考えたほうがいいでしょう。

05

子どもの考える力をぐいっと引き出す10分コミュニケーション

41

子どもの学力の差は「聞く力」で決まる

小学校3年生くらいまでは、学校で行うテストの結果はどの子も似たようなもの。点数に大きな開きはありませんから、お母さんたちも学力差を切実に感じることなく、わが子の伸びる力を信じて「うちの子、けっこうできるんじゃないかしら」と、将来を楽しみにしていると思います。

ところが、4年生頃からだんだん厳しい現実が見え始め、「できる子」「できない子」の差がはっきりとしてきます。

35年以上、進学塾で中学受験を指導し、家庭教師としていろいろな子どもと向き合ってきた経験からも、その差は歴然としていると言わざるを得ません。

「9歳の壁」という言葉を聞いたことがあるでしょうか。

9歳、4年生になると、算数では分数や小数、国語では説明文といった抽象的概念が教科書で扱われるようになり、全科目にわたり学習内容が大きく変わってきます。子どもの前に学習の「壁」が立ちはだかるわけです。

ほぼ横一線に走ってきた子どもたちの中には、軽々と「壁」を乗り越えて着実に学力をつけていく子と、「壁」の前で立ち往生してしまい伸びる力を生かし切れず勉強に遅れがでる子が出てきます。

その差はどこで生まれるのか。お母さんたちが一番知りたいところだと思います。

「頭の善し悪しじゃないの？」という声が聞こえてきそうですが、これはあまり関係ありません。ちなみに、ＤＮＡが子どもの能力に関わるのは、20〜40％という研究結果があるようです。60％以上は後天的なものと考えることができます。

また、のべ２５００人以上の子どもの勉強を見てきましたが、これはと思うような天才型の子に出会ったのはほんの数例。ほとんどは普通の子どもたちでした。

どの子も〝脳力〟は同じようにもっています。

それなのに成績に差がつく。

学力を分けるのは何かと言えば、それは「聞く力」だと私は思います。

私たちは、五感を通して情報を取り込み知識を蓄えていきますが、学習情報の入り口として最も大切な感覚である「聞く力」を身につけているかどうかが学力を左右していると言っていいでしょう。

言葉を知識に「翻訳」することが苦手な子が多い

そして残念なことに、小学校高学年になっても、「聞く力」のおぼつかない子がたくさんいるのです。

生徒に教えていて、「これがこうだから、こうなるんだよ」と問題をひと通り説明し、「わかった？」と聞くと、「わかりました」と返事をする。

ところが、10秒後に同じ問題を質問してみると、トンチンカンな答えが返ってくるということがとても多いのです。

「いったい何を聞いていたの？」と思わず言いたくなりますが、こんな反応になってしまうのは、子どもの脳内の情報処理のまずさにあると私は考えています。

脳に入ってきた音声情報が意味をもつ情報に置き換えられない。「意味情報」へと「翻訳」されないまま聞き流してしまうために起こるのです。

この「翻訳力」は先天的なものではなく、幼い頃から日常生活の中で聞く姿勢を養ってきたかどうかによります。学校でいえば先生の話を、家庭では親の話を、受け流さないでちゃんと聞いているか。

聞く習慣が備わっていない子は、高学年になってから学習面でとても苦労することになります。そのような子が、意外に多いのです。

42

さっき教わったことをすぐに忘れてしまうのはなぜ？

「聞く力」の弱い子が多いと言いましたが、たとえば、子どもに「脱いだ靴下を洗濯かごに入れたら、机の上を片付けて、学校でもらったプリントを出しなさいね」と用件を3つ言ったとします。

すると、そのうちのひとつはだいたい忘れてしまい、プリントがランドセルに残されたままということがよくあります。

「は～い」と返事はしても、聞いた言葉の一部が右から左へサーッと抜けていく。少し難しく言えば、「短期記憶が弱い」。または、「短期記憶が訓練されていない」と言い換えることができます。

このようなことが起きるのは、子どもが本来もっている脳力を使いきるための「地頭」の大切な要素のひとつが鍛えられていないからだと言えます。

記憶について、簡単に説明しておきましょう。

私たちが触れた情報は、脳の中の、両耳の奥あたりにある「海馬《かいば》」といわれる領域にいったん短期記憶として保管されます。一時的にメモを貼りつけておくようなものと思ってください。

海馬の記憶容量には限りがあり、一時保管する時間もせいぜい5分間くらいです。

記憶された情報は次々と整理整頓され、必要な情報だけが大容量の大脳皮質に伝えられて長期記憶として残されます。あとは不要、用済みとして忘れ去られます。

パソコンにたとえるならば、海馬がメモリーで、大脳皮質がハードディスクですね。

聞いた情報を記憶にとどめられない子は、海馬で一時保存されることなく情報が消えてしまうのでしょう。

海馬に到達した情報が、しっかりとした意味をもつまでに雲散霧消《うんさんむしょう》してしまえば、理解の段階に進むことができません。ましてや、長期記憶に情報を残しておくことはできないのです。

「情報が知識に翻訳されない」というのは、このことを言っているのです。

残らないのは、言葉情報に限ったことではありません。数字についても同じです。理数系教科が得意な子は、数字を10秒くらいの間、頭に置いておくのがすごく上手です。苦手な子は、数字情報が増えてくると、「記憶の器」からポロポロと数字がこぼれ落ちていくような感じになり、覚えていられません。

私は大脳生理学者ではありませんから、脳科学的な裏付けがあるわけではありません。しかし、長年、子どもたちに教えている感覚からすると、数字も言葉も、そしてイメージについてもすべて、この「頭にしばらく置いておける力」に関わっているのではないかと考えます。

算数の得意・不得意を分ける「3行の壁」

小学4年生では（5年生でもいますが）、算数の問題を解く際に「3行の壁」というのがあります。先ほど、「9歳の壁」と言いましたが、これはまた別の「壁」です。「3行の壁」とは何かというと、文章問題で問題文が3行を超えると、とたんに解けなくなってしまうことです。

問題文が長くなったからといって、問題が難しくなるわけではありません。単に条件の数がひとつ増えるとか、「太郎君が」という言葉の前に「3センチ背の高い」と修飾語がつくとか、たったその程度のことなのに、なぜか3行を超えると解けなくなってしまう子がけっこういるのです。

文字数で言えば100字くらいが覚えておける限度で、それを超えると、短期記憶の容量をオーバーしてしまうのです。

算数の文章題だけではありません。国語でも短期記憶の容量不足は起こり、少し長い文章になると、先に読んだ文章が頭の中からスーッと消えてしまって、全体の文脈をとらえることができません。

最近の中学入試の国語では、「主人公はどういう気持ちだったか」ではなく、「気持ちにどのような変化があったか」を問う問題が多く出題されています。

その場合、文章の一部を読んだだけではわかりません。それよりも全体を通した登場人物の気持ちの移り変わりが頭に残っていて初めて、「変化」を答えることができるわけです。

対策として、傍線を引きながら読みなさいという指導がよくされますが、短期記憶の容量が小さい子は、いざ問題に取り組もうとすると、線を引いたことすら記憶が薄らいでしまっていて、なぜ傍線を引いたのか意味がわからないということがあります。

短期記憶の容量の多い少ないは先天的なものでも、学習能力の限界を示すものでもありません。

トレーニング次第でどの子も鍛えることができるし、普段から家庭で「聞く態度」を少し意識するだけで、いくらでも増やすことができます。

逆に言えば、トレーニングを怠れば、本来脳がもっている「地頭力」を使いきれない状態に陥ってしまうということ。

大変もったいない話ではありませんか。

43 短期記憶の容量不足が成績低迷を招く

短期記憶の弱さは、国語や算数だけでなく、理科や社会にも影響します。

理科ではどういう弊害が出るのかというと、たとえば「動物には脊椎《せきつい》動物と無脊椎動物がある。無脊椎動物の中には節足《せっそく》動物があって、その中に多足類《たそくるい》がある」と説明します。

その後、多足類で代表的なのは何かと聞くと、「タコ」と答える子が必ずいます。「多足」の文字から8本足のタコを連想するわけですが、「節足動物」という足に節のある動物の分類の中の「多足類」ですよと説明しておいても、それをすぐに忘れてしまい、自分の中にあるイメージだけで答えてしまうのです。

「子どもらしい間違い」と微笑《ほほえ》ましく思われるかもしれませんが、今後の学力を考えたら、笑いごとでは済まされません。

中学入試レベルになると、特に理科では、「なぜだろう？」という思考を普段から働かせる習慣がないと、問題に太刀打ちできません。

ことに、超難関校といわれるような学校はその傾向が強いのです。

さまざまなことに興味をもって、脳をイキイキ活性化させる

関西の灘、甲陽学院、関東では麻布、渋谷幕張、栄光などは、例年、進学塾でも習っていない、小学6年生では誰も知らないであろうと思われるような高度なテーマが取り上げられます。

たとえば「プレートテクトニクス理論（大陸移動説）」に関する問題が出たとします。まず説明文があって、「へぇ～、そうなんだ」と初めて子どもたちは、説明に書かれた情報について知るのです。

出題者は、「初めて知ることであっても、ここまで説明しておけば、過去の自分の経験につなげて理解できるはずだ」。そうした前提のもとに作問しています。合格する子どもは、ちゃんと答えることができているのです。

社会でも塾のテキストにも載っていない内容が当たり前のように出題されます。

そんな問題にひるむことなく向き合うためには、常日頃、知らないことに触れたら、「なぜそうなるのかな?」と興味をもち、直前に入った知識と過去に収納した知識を瞬時につなぎ合わせるという具合に、頭を動かす習慣がついていなければなりません。

脳が活性していなければ、短期記憶力が磨かれないのは言うまでもありません。

44

「子どもへの指示は控えめに」で短期記憶を伸ばす

統計があるわけではありませんが、現場で教えている私には、短期記憶力の弱い子が増えているように思えてなりません。

なぜ、短期記憶の弱い子どもが増えているのか。

脳科学的な説明がつくのかもしれませんが、ひとつには親御さんの過干渉が問題だと思います。

そもそも子どもは、必要に迫られれば、自分の頭の使い方を自在に変えていく柔軟性をもっているような気がします。

何も特別なことをする必要はありません。それは遊びの中であったり家の手伝いの中であったり、日常の生活で起こることです。

たとえば、花壇の水やりは朝でなければ花が弱るとか、ゆで卵はすぐに水につけないときれいにカラがむけないといった、日々のささいな経験です。

さまざまな経験を積む中で、ときには失敗を繰り返して、

「これは、覚えておかなくちゃまずいぞ」

と自分なりの工夫をする。

そういう経験をたくさん積んでいる子は自然に脳が鍛錬されて、学習をするときにも、短期記憶を維持することができるのだと思います。


逆に、自分で工夫をする経験が少なく、いつもお母さんに、

「これをやっておきなさい」

それが終わったら、

「次はこれをやりなさい」

とひとつひとつ指示ばかりされている子は、お母さんの言葉通りに動けばいいのですから、脳は活性化されずになまけたまま。

短期記憶を残すことができない脳になってしまいます。

子どもは、必要に迫られなければ、自身の思考エンジンを稼働させません。

「なぜだろう?」は、学校や塾で机に向かって勉強すれば身につくようなものではありません。

これは、家庭で養うべき思考習慣です。

小さい頃から、お母さんに「ああしなさい、こうしなさい」と言われるままに動いてきた子は、思考習慣が身につかず、短期記憶力が弱体化していく。

私はそう考えています。

45 「あぁ、なるほど!」の積み重ねが「覚えられる子」にする

「なぜだろう?」「だったら、どうなる?」と、新しい情報を得ようとする貪欲な思考習慣が頭を活性化する原動力になると言いました。

頭がイキイキと動いたら、今度は、得た情報を確実に記憶として定着させなければ意味がありません。では、どうしたらいいのかという話になります。

それには、「あぁ、なるほど!」と、ヒザを打つような納得感を体験することです。「なぜだろう?」に対する答えを見つけて、「なるほど!」と頭の中のモヤモヤが一瞬にして消えるような、スッキリした納得感をもつことで記憶が定着するのです。

ところが不幸にも、今の子どもたちはこの納得感を置き去りにしたまま、どんどん知識を詰め込むような学習法を強いられているようにしか見えません。

特に、びっしりのカリキュラムに縛られた大手進学塾では、子どもたちに学習内容

を理解・納得させたうえで次に進むというような教え方は、事実上不可能なシステムになっています。

膨大な量を短時間で次々に解答していく「こなし学習」が常態化し、「わかった！」というプロセスが省かれているので、とにかく「正解はこれだ！　さぁ、次いこう！」という「いけいけ！　ドンドン」の学習スタイルが、子どもにしみついてしまっているのです。

「学力が高い」＝「すぐにわかる」ではない

私のところにくる子どものうち、10人中2人から3人は、指導を始めて早々にちょっと困った反応を見せます。

「これがこうなって、ああだから……。そうすると、こうなるから……、答えはどうなるの？」と言い終わるか終わらないかのタイミングで、ポンと答えを投げつけてくるのです。

「即答できるなんて、すばらしい学力だ」と思われるかもしれませんが、間違いが多いのです。

説明された内容を自分の頭の中で理解し、答えを出すには、少しばかり時間が必要です。1秒、場合によっては、0・5秒程度の「間」が空くはずなのです。

この「間」こそ、マンガで描かれる「電球マーク」がピカンと点灯する瞬間です。

あまりに素早い反応は、単なる条件反射にすぎません。なんとなくそう感じたことを答えとして出しているとも考えられます。

もっとひどくなると、私が説明したあとで、「どう、わかったかな?」と質問すると、「それで、先生、答えは何なの?」と聞いてくる子もいます。

教える側としては、とてもがっかりする反応です。

一生懸命に説明したことが、子どもの頭の中を素通りし、答えそのものか、オートマチックに答えを出せる公式を望んでいたということなのですから。

こうした答えや公式ばかりを求める学習を、私は「あたふた学習」と言っています。

とにかくあたふたとやっつけ仕事のように勉強をこなすだけで、根本的な理解が根づいていない。

そういう子が、とても多いのです。

わかった瞬間の「あぁ、なるほど！　わかった！」という、晴れ晴れとした快感を得ることなく答えを出してしまう。

怖いのは、その答えが半分くらいは合ってしまうから、何ら問題意識をもたないことです。

「あぁ、なるほど！」は記憶の〝接着剤〟

脳に関する著書が多い諏訪東京理科大学の篠原菊紀教授は、記憶を定着させるには、「快感」と結びつけて覚えるのが効果的だと、その著書の中で語っていますが、「あぁ、なるほど」がまさにそれ。

篠原教授は「強い快感や不快感は、海馬の手前にある扁桃体《へんとうたい》を活性化させて、海馬への入力ルートを開き、しっかりと記憶させる」といい、脳科学的にも納得感の重要性が示されています。

即答する子どもたちには説明を理解する能力はあるので、直後のテストではいい点数をとれます。しかし、「記憶機能」の働きが悪いと、学んだ内容をすぐに忘れてしまうということになりかねません。

一時的にいい成績を収めて、一時的な安心感を得ることができたとしても、肝心の入試本番で忘れてしまっていては役に立ちません。

小学生の頃の学習は、学校で習うことも、受験勉強で習うことも、今後の学習の基盤です。厳しいことを言えば、「あたふた学習」では真の学力が定着せず〝地頭力〟が育まれないので、中学受験で大きく不利になるだけでなく、高校受験やその先の大学受験でも苦労する原因になるのです。

「あぁ、なるほど！」という感動や快感は、短期記憶から長期記憶に情報を移して記録するための、いわば記憶の〝接着剤〟。

たしかな地頭力を作るのに、なくてはならないプロセスなのです。

46 ほめられた経験が子どもの記憶する力を養う

学力の礎《いしずえ》になる記憶機能の話を続けます。

記憶機能にスイッチを入れるのは、さほど難しいことではありません。できたことを口に出してほめてあげ、何かを知る喜びを共有すればいいのです。

もともと、子どもというのは新しいことがわかると、快感を覚えるものだと私は思っています。それが、そんなことやってもしょうがないと思い込んでいたり、くだらないと言ってしらけたりして、暗い雰囲気になっている子がいます。ものを考えること自体が面倒くさいという子もたくさんいます。

こういうタイプの子たちは、だいたい勉強が嫌いです。

いつまでに解き終わらなければいけないと時間にせかされ、強いられるような勉強をしていると、新しい知識や情報との出会いを楽しむ余裕がありませんから、勉強は苦痛でしかなくなります。

本来、人は新しい知識に触れると、心が動くものです。

動物園で本物のライオンや象を間近で見て「すごい！」「強そう！」と驚いたり、「きれいねぇ！」と何度も口にしながら天体観測をしたときの感動は、きっと子どもの心に強く焼きついているでしょう。

博物館で恐竜の化石を見て、その大きさに驚き、進化の様子を知って「へぇ〜」とお母さんと一緒になって声をあげた。その後、本で得た恐竜の知識をお母さんに話したら、「よく知ってるね」とニコニコ顔でほめてくれた。

そうしたほめられた経験や親子で積み重ねた感動の経験があるかないかで、子どもの記憶する力は違ってくるものだと思います。

10min 一緒に解く

ときには、算数の問題を一緒に解いてみるのもいいでしょう。

一緒に解くといっても、お母さんは正解できなくても構いません。

「難しいわねぇ」と頭を抱えていてもいいのです。その代わり、傍《かたわ》らで、子どもが四苦八苦しながら自力で問題を解いたら「すごい！」と思い切りほめてください。

ここが肝。子どもの説明を聞いて、

「なるほどねぇ、そう解けばいいんだ。ひとつ賢くなったわ」

と感動してみせるのが、お母さんの役どころです。

子どもの顔がぱっと輝いたら、頭の中では記憶機能がフル稼働しているはずです。


知人の医師から聞いた話です。

最近開かれた脳科学関係の学会で、次のような研究発表があったそうです。

「ほめられながら覚えたことは、よく記憶に残る。ところが、叱られながら覚えたことについては、長く記憶に残らない」

10min 笑顔でほめる

お母さんが、「わあ、よくできたわねぇ！」と笑顔を向ければ、そこでピッとスイッチが入り、子どもの頭の中に情報がきっちりと記録されるというのです。

叱責しながら取り組ませるより、お母さんの笑顔のほうが何倍も学力アップにつながるとなれば、ご家庭で最優先すべきは何か、説明するまでもありませんね。

47 10分で短期記憶力がぐんぐん伸びる家庭学習法

短期記憶力は、基礎学力を伸ばすうえで非常に大事です。

短期記憶が海馬でどんなふうに留まっているのかというと、たとえば23×35の計算の場合に、23と35という数字の大きさをビジュアルでイメージするのではなく、「23」「35」という音声が頭の中でぐるぐる回っているような状態でしばらく留まっているのだと思います。

そこで、短期記憶力を伸ばす訓練としておすすめしたいのが、「2桁×1桁の暗算訓練」です。

お母さんは電卓を使っても構いません。お母さんが問題を読み、子どもに紙や鉛筆を使わずに暗算させます。

たとえば、28×6を暗算で解く場合、最初に8×6＝48と数字を出したところで、繰り上がりの数字「4」を覚えなければなりません。それと同時に、もとの数字が何だったかも思い出す必要があります。

もとの数が「28」だったことを思い出し、2×6＝12と計算したところで、再び繰り上がりの数を思い出す。

繰り上がりは「4」だから、12＋4＝16。

ここでもう一度、答えの一の位が8だったことを確認します。

「1、6、8」

「168だ！」

このように、多種類の数字を頭の中に置きながら、次々と計算をスムーズに進めるには、短期記憶がしっかりしていなければなりません。

短期記憶の弱い子は、「28」という数字がしっかり頭に入っていないので、最初の一の位の計算に気をとられて、もうもとの数字がわからないということが起きます。

短期記憶を鍛えると、長期記憶力もアップ

10min 買い物で計算力アップ

短期記憶を鍛えるために計算ドリルなどの教材を利用する必要はありません。買い物に一緒に行ったときのついでにでも、ゲーム感覚で金額を計算させてみてださい。たとえば、「ひと袋85円のニンジンをふた袋買えばいくらになるかな？」などと暗算問題を出します。最初に5×2＝10と数字を出したところで、「ひと袋はいくらだったかしら？」といったん計算式に戻ることで、もとの数字をしっかり記憶する練習ができます。


短期記憶を鍛えておくことは、長期記憶を高めることにもつながります。

短期記憶が強化されれば、算数の問題で条件がいくつか示されているような場合も、それらを同時に頭に留めておくことができるので、間違いは起きにくくなります。

短期記憶力がしっかりついていなければ、長期記憶から情報を取り出して思考を動かすという機能も働かなくなってしまいます。パソコンでもハードディスクをいくら大きくしてもメモリーが小さいとダメですよね、それと同じです。

親の言葉遣いが子どもの学力を大きく左右する

海馬の研究者として知られる東京大学の池谷裕二准教授によれば、記憶の一時保管所である海馬は、使えば使うほど神経細胞が増えていくと言います。一方で、次々と失われていく神経細胞もあって、常に入れ替わっている。

海馬は使えば膨らむし、使わなければしぼんでいくわけです。

筋肉と同じですね。トレーニングを重ねれば見事に筋肉は発達し、使わなければ衰えて機能は落ちていきます。

子どもの頃から、海馬もどんどん使ってトレーニングを続けることで容量は増えて、自然と記憶力が高まっていくのです。

では、どんなトレーニングをすればいいのかということになります。

もちろん、算数の計算問題を毎日やるとか、本をたくさん読むとかという学習に頼るわけではありません。脳トレ問題を解かせるわけでもありません。トレーニングの場は、家庭生活の中にあります。

「聞く力」を育む。

子どもの海馬トレーニングは、この一点に尽きます。

間違った筋トレでは、いくら一生懸命に鍛えても効果があがらないのと同じで、子どもの聞く力を養うには、適切な刺激を与えなければなりません。

それには、豊かな情報に触れること。

つまり、正しい言葉遣い、つじつまの合った論理的な表現、これらに日常的に触れていることがとても大切なのです。

何やら小難しそうに聞こえるかもしれませんが、家族で普通に会話すればいいのです。ところが、この「普通」が、昨今難しいようで……。

「っていうか、それ、いいんじゃないの」

いきなり否定形の接続語で会話が始まり、助詞が省かれて、肯定の言葉につながっていく。文法的に間違いだらけの言葉遣いですが、お母さんの中にも平気で子どもとこんなふうに話す方がいます。

感情表現をすべて「やばい」で済ませてしまう若者言葉が、世代を問わず浸透しているようにも見えます。

私たちは、何かを考えるときは言葉を介して行っています。それが、成長過程で乱れた言葉が飛び交う環境におかれたらどうでしょう。

入ってくる言葉情報が間違いだらけでは、筋道の通った論理的な考え方は育ちにくくなってしまいます。

お母さん自らが模範を示し、「そうね、それがいいんじゃないの」と、正しい日本語を使ってほしいのです。

話し言葉は、書き言葉と違って、推敲された文章ではありませんから、いきなり筋道の通った文章で表現することは難しいものです。

でも、お母さん自身が正しい言い回しを心がけて、何度か言い直す努力を続けてほしいと思います。

論理的に話せないことが、算数でのつまずきの原因に

言葉遣いが、子どもの思考力を左右すると聞いてもピンとこないかもしれませんが、私の経験でお話すれば、6年生になって算数の成績が伸び悩む子というのは、この論理的表現に対する不慣れが原因になっていることがとても多いのです。

中学受験の進学塾のカリキュラムでは、5年生まではいろいろな解き方のパターンを覚えていくのが一般的です。パターンさえ覚えていれば、どんな子でも小問1題くらいは簡単に解けます。

ところが6年生になると、問題文が長くなって、いろいろな解法パターンを組み合わせて解く応用問題に発展するために、子どもは、急に問題が難しくなったような印象を受けます。

条件として何がわかっていて、何を答えるよう求められているのかを問題文からパッと読み取る力が必要なのですが、つまずく子は、算数は解く力があるのに、問題文を読んで情報整理をする力が不足しているために、お手上げになってしまいます。

論理的表現に不慣れなために、せっかくの力を発揮できないばかりか、算数に対する苦手意識が根付いてしまう残念な例を私はたくさん見てきました。

だからこそ、強調したいのです。

算数であろうと国語であろうと教科に関係なく、論理的な表現を理解する力が学力のベースには必要です。

それには、普段から家庭で会話がきちんとされ、正しい日本語が耳に入ってくる環境がいかに大切か、おわかりいただけたでしょうか。

10min 正しい日本語を

言葉を口にするたびに、正しいか間違っているかを考えるのは気が重いものです。

1日の始まりのときに「今日は正しい言葉遣いをしよう」と自分に言い聞かせたり、1日の終わりに、「間違った言葉遣いをしなかったか」と振り返ったりするといいでしょう。

06

やる気を引き出し
勉強への意欲を高める
10分親子会話

49

10分で反抗期の子どもの学力を高める会話のコツ

あるお母さんから、こんな相談を受けたことがあります。

「家庭での会話習慣が子どもの地頭力を育むと先生はおっしゃいますが、6年生の娘は反抗期真っただ中。口ごたえばっかりで、こちらが話をしたくても、なかなか顔を見合わせてくれません」

たしかに女の子は5年生くらいから、男の子は少し遅れて6年生くらいから反抗期に入り、扱いが難しくなります。

女の子は大人に対して批判的な目を向け、話しかけてもつれなくなり、男の子は理屈っぽく挑戦的な態度をとることが多いようです。

子どもの変化にお母さんのほうが追いつかず、それまでと同じようなつもりで接すると、

「うるさい！」

「うざい！」

程度の差はあれ、この年頃の子どもをもつ家庭はどこも頭を抱えるようです。

では、どうしたらいいのか。

先の相談のお母さんに、私はこんなふうに答えました。

「生意気な言葉遣いになってきたら、『よくぞここまで生意気に育ってくれた』と喜んでください」


開き直るわけではありません。

東邦大学医学部の有田秀穂教授によると、思春期に入って性ホルモンの分泌が高まると、男の子にはヒゲが生え始め、女の子は胸が膨らんで体に変化が現れますが、それと同時に脳の前頭前野も変化し、男子脳と女子脳にくっきり分かれるのだと言います。

心身ともに激動の時期にあるのですから、心が安定しないのは当たり前。反抗的な態度を嘆くのではなく、反抗期は正常な成長の一過程であるということをお母さんが肝に銘じることが、子どもとの無用な衝突を避ける秘訣です。

「そんなに生意気な口がきけるのは、少し大人に近づいたということね、お母さんは嬉しいわ」

と子どもに言ってしまってもいいのです。

子どもは予想外の反応にびっくりして、「いつもと違うぞ。お母さん、次は何を言うのかな」と興味をもって振り向いてくれるはずです。お説教されると思ったのに、自分を受け入れてくれたことを喜んでいるかもしれません。

10min 予想外の反応をする

家庭では緊張したり取りつくろったりする必要がありませんから、親子の会話もあけすけで、そのやりとりはたいていパターン化しているものです。

子どもとの言い争いを思い出してください。いつも同じようなことが発端になり、同じような言葉の応酬になっていませんか。

反抗期の子どもは、なかなかしたたかです。

先の有田教授によれば、脳科学的にも、人生の中で最も言葉の裏を読みとる感覚が研ぎ澄まされる年代だそうです。

自分がこういう言い方をすると、お母さんは何も言えなくなる――それがわかっていて辛辣《しんらつ》な言葉を投げかけてきます。

ですから、そのパターンを打ち壊すような話し方、想定外の反応を見せて一点突破を試みるのです。

会話のパターンを壊して、子どもの態度を和らげる

反抗期の子が使う典型的なひどい言葉というのは「うるせえ、クソババア」ですよね。一生懸命に育ててきたわが子に、こんな言葉を投げつけられたお母さんの心中はいかばかりか……。

教え子のA君は、典型的な「クソババア息子」でした。連日の口撃に手を焼いたお母さんは、「パターン壊し作戦」を早速実践したそうです。

「あなたもクソババアなんて言う年になったのね。大人になったわねえ。これで私も安心して、あなたの言う通り、おばあさんになれるわ」

A君は戸惑ったような顔を見せ、それ以後、素直な態度をとるようになったと聞きました。

いつもならお母さんがたしなめたり叱ったりして、お互いにヒートアップしていく場面ですが、子どもの言葉を受け止める形でお母さんが切り込んだために、A君は態度を和らげたのです。

穏やかな会話を取り戻し、地頭力を育んでいく。

そのポイントは、たったひと言の「パターン壊し」にあるのです。

50 豊かな表現力を養うお母さんの説明力

学力を決めるのは、「聞く力」だと言いました。

その力を育むには、豊かで正しい言葉の情報にたくさん触れて海馬を鍛える必要があるわけですが、実際に子どもを教えていると、ボキャブラリーの貧しさが学力に影響しているのを痛感します。

「マジ」「やばい」「かわいい」などの言葉を頻繁に使う子は、国語の物語文に描かれている微妙な表現や感情の違いを読みとることができないのです。

たとえば、感情表現の言葉ひとつをとっても、日本語には微妙に違う言葉がいっぱいあります。

平穏な状態を表す「やすらぐ」は、「なごむ」「満たされる」「心地よい」とも表現できますが、そのときの状況や心境にあった適切な言葉が使われます。

「かなしい」を漢字で書くと「悲しい」と「哀しい」がありますが、二つの間には微妙なニュアンスの違いがあります。

「やばい」で何でも片付けてしまうような語い力の貧しい子に、そうした表現の使い分けを求めることは難しく、「かなしい」は「悲しい」でしかありません。

学力もそれなりだと言わざるを得ません。

電車の中で高校生たちが友達同士で話している言葉が耳に入ってきたときなど、限られた言葉だけで会話しているのを聞くと、この子たちの成績はあまりよくないのだろうなと想像がつきます。

話す言葉から頭の中が見えてしまうのです。

豊かな表現力を養うのは、やはり家庭の力。お母さんにはボキャブラリー豊かに話してほしいと思います。

こう書くと、負担に思われるかもしれませんが、あれこれ言葉を駆使してくださいと言っているわけではありません。子どもより数十年分多く生きてきた中で知り得た知識程度でいいのです。大人の常識程度で十分です。

51 しっかりと「話す力」が「読む力」「書く力」の土台

ここでは、子どもの「話す力」を伸ばす方法についてお話ししようと思います。「話す力」は、「読む力」や「書く力」にも関わってくる、基礎学力の重要な要素のひとつですから、机上の勉強の前にしっかり身につけておきたいものです。

まず大切なのは、問われたことに対してちゃんと答えられること。当たり前のことですが、これがなかなかできないのです。

前述しましたように、聞いた情報が記憶として定着しないために、教えていると、問いに対して的外れの答えが返ってくることが当たり前のように多い。

答えられたとしても、日頃から会話を短い言葉や単語のやり取りで済ませているから、文章の形で答えることができないのです。

話す力をつける初歩の対策として、ご家庭ではぜひ、

10min 文章で問う

「宿題は？」

と聞くのではなく、

「宿題はもうやったの？」

と、文章で問いかけるよう会話を心がけてください。

10min すぐに訂正

次のステップとして、「てにをは」が正確に使えるように、間違った使い方はすぐにその場で訂正してあげてください。

「てにをは」の間違いは、算数にも影響してきます。「てにをは」があやしい子は、5年生で習う割合の問題でつまずくことが多いのです。


何が「全体」の数字で、「部分」の数字はどれか、割合の問題の基本事項ですが、「てにをは」の誤用でこれが混乱してしまうのです。

「AはBの$\frac{1}{2}$」と「Bの$\frac{1}{2}$がA」は同じ意味ですが、「は」と「が」が替わっただけで、どっちがどっちの「$\frac{1}{2}$」なのかとわからなくなってしまう子がいます。

大人でも文章を書いていると「あれ、どうだったかな」と微妙なニュアンスの違いに迷うことはありますが、まるで意味が違ってくるような誤りはないはずです。

「〝それが〟じゃなくて〝それは〟でしょ！」

などときつく言うと、緊張してますます言えなくなってしまいますから、さり気なく言い直してあげてください。

論理的に話せるということは、論理的に考えられるということ

10min お手本になる

「そして」「でも」といった接続語の入る文章もお母さんが率先して使い、お手本を示してください。

「話す力」で大事なのは論理的な話し方、筋道だった話し方ですが、接続語を入れて話すと、頭の中に浮かんだ文章が関連づけられて結びつき、1本の道に沿った話にまとまっていきます。

接続語をうまく使って話せるようになれば、「話す力」は完成段階に近づいたと思っていいでしょう。

急激に「書く力」や「読む力」もついてきます。

話し言葉が重要なのは、私たちが何かを思考しているとき、頭に浮かんでいる言葉は、まさに普段の話し言葉そのままだからです。

正しい言葉遣いで筋道だった話ができるということは、とりもなおさず、論理的な思考ができるということ。

つまり、話す力のある子は学力も高いということになります。

52 「台所のつぶやき」が子どもの考える力を育てる

真の学力とは、論理的な思考ができて表現する力があることだと説明してきましたが、そうした思考習慣を育むには、日々の生活の中でお母さんはどんなふうに子どもと向き合えばいいのでしょうか。

まずは、あるお父さんのお話をご紹介しておきましょう。

現在4年生の子の父親であるそのお父さんは、幼い頃から知育について一生懸命に考えてきた方でした。

子どもが幼稚園の頃、テーブルにジュースをこぼしたことがあったそうです。普通なら、「こらこら、ダメじゃないか」と注意するところですが、見ると、子どもはジュースを別の容器に移し替えようとしていたらしい。

そこでお父さんは、「こらこら」を引っ込めて、

「テーブルが汚れちゃうから、お風呂場で続きをやってみよう」と言って続きをやらせたところ、今度はこぼさないように、ものすごく集中して容器に移し替えたといいます。

チャレンジしようとする心をおさえこまず、集中する子どもを根気よく見守った。それだけでも感心するのですが、ここからがまたすばらしいのです。

容器がいっぱいになり始めてもストップはかけず、子どものやりたいようにさせたところ、ジュースが容器の口から少し盛り上がる様子を見て、

「何か不思議なことが起きているぞ」

と、表面張力の存在に子ども自ら気づいたというのです。まさに、「なぜだろう？」の思考エンジンが、子どもの頭の中で回転し始めたわけです。

難しい説明をしたり実験をしたりしたわけではありません。

たったこれだけのことですが、もしテーブルにジュースをこぼしたと失敗を叱っていたら、チャレンジする意欲や集中力を育むチャンスを奪っていたでしょう。

お風呂場で続きをやろうという見守る余裕がなければ、不思議な現象に気づいて、

「何だろう？」

と、好奇心を刺激することもなかったでしょう。

つぶやきで子どもの興味を刺激する

子どもの論理的な思考習慣を育てるには小さいうちから、理想を言えば就学前から、このお父さんのように、子どもが「何だろう」と感じたときに、ちょっとの時間でいいので子どもに付き合い、働きかけていくことはとても大切です。

4年生だから手おくれということはありません。小学校高学年であっても同じです。テレビのニュースやクイズ番組などを見ていて、

「これ、どういうこと？」

と子どもが興味を示したら、

「忙しいから、学校で先生に聞いて」

などと突き放さず、わかる範囲で説明したり、関連した情報だけでも話しておく。

あるいは、「こんなことじゃないかな」と子どもと一緒に考えてみる、そういう姿勢を見せることは親として必要です。

子どもも自分なりの考えを話すはずですから、そこで思考が一回転するわけです。

しかし、忙しい時間をわざわざ割いて、何かを教えたり話し合ったりしなくても、考える習慣は日々の生活で伝えられるものです。

たとえば、窓辺に置いた観葉植物が陽の射す方向に向かって伸び始めたら、

「葉っぱがみんなお日さまの方に向いちゃうわ」

と独り言を言いながら鉢の置き方を変えてみる。

「底のほうはぬるいかもね」

とつぶやきながら、お風呂の湯加減をみる。

そんなふうに、工夫をめぐらしている姿を言葉にして見せていただきたいのです。

お母さんの考える姿を子どもに見せる

お母さんだったら、「台所のつぶやき」を子どもに聞かせてください。

料理は頭をフル回転させる家事です。

献立を考え、手順を考えて、色、味、香り、盛りつけにも気を配ってと、お母さんが工夫して家事をこなす姿を見せる絶好の機会になります。

10min
台所でつぶやく

「野菜を煮込んでいる間に合わせ調味料を作って……」

と、料理の段取りをブツブツとつぶやいてみましょう。

思考をめぐらせながら暮らしている姿を見せることで、考えるのが当たり前という感覚を子どもの中に根づかせるのです。

そして、見せるだけでなく、ここがポイントというところはできるだけ口に出してください。

「このお皿には金色の線が入っているから、電子レンジには入れられないわ」

という具合に。

ＢＧＭのように聞き流していたお母さんのつぶやきが子どもの頭の片隅に残り、あとになって、

「なぜ、金色の線の入ったお皿は電子レンジに入れちゃいけないのかな？」

と好奇心が芽吹き、電磁波の学習につながることもあるでしょう。

つぶやくだけですから、時間も手間もかかりません。今すぐにでも実行できるのではないでしょうか。

53

「リビング学習」で成績が伸びる

「リビング学習」という言葉をお聞きになったことがあるでしょうか。

子ども部屋に引きこもって勉強するより家族の気配があるリビングで勉強するほうが、むしろ集中力が高まって学習効果が高いとされ、最近は、子ども部屋があっても、わざわざリビングで勉強させる人が増えているようです。

ある雑誌で東大生に取材したところ、「小学生時代はリビングで勉強しました」と答えた学生が多かったそうですが、私も「リビング学習」には大賛成です。

仕事柄、いろいろなご家庭にうかがい、その生活空間に直接触れる機会が多いのですが、通されたリビングがスタイリッシュな空間といいますか、大人のセンスで品よくまとめられたような家庭は、家庭教育という点では、うまくいっていないことが多いようです。

中国の非常に有名な人が書いた書がドーンと格調高く掛けてあるだけで、子どものものなど一切見当たらず、うっかり散らかそうものなら、即、叱られそうな整理整頓が行き届いたリビングの家の子どもは、なぜか成績が振るわない傾向があります。もちろん、子どもはリビングで勉強をしていません。

逆に、子どもの本がリビングの書棚に並び、自分で実験か何かしていたんだろうなと思うような痕跡が雑然と残っていて、その中でお母さんは一生懸命片付けようとしているのに、子どもの好奇心が勝って片付けきれていない。そんなリビングで勉強している子は、成績がいいのです。

子どもが学んだり遊んだりするときの原動力というのは、子ども自身の知的好奇心だけから生まれるのではありません。

それをニコニコと見ているお母さんの表情を見て、子どもは「よし、続けていいんだ」と安心したり納得をし、がんばろうという気も起きてきます。

保護者会でお母さんの姿を見つけた子どもが、がぜん張り切って授業に臨むのと同じです。

刺激の多い生活空間が子どもの好奇心を高める

家族が同じ空間で本を読んだり、新聞を読んでちょっと意見を言い合ったりするのを間近に見ていることも刺激になります。

そういう刺激の多い生活空間が子どもに何かを感じさせ、

「なぜだろう?」

「どうなるんだろう?」

という思考を促し、雑然とした雰囲気の中で集中力や注意力を高めていくのです。

ホテルの客室のようにカーペットが敷きつめられて、歩いてもコトリとも音がしないような高級高層マンションに家庭教師の仕事で出向くことがあります。

そういうところには、生活音もなければ風の音もニオイもない。

季節を感じさせるものがほとんどありません。

住人である子どもは、感受性という点ではやはり損をしているように思います。

高層マンションほどではないにしても、無風地帯のような「子ども部屋」という名の個室も、子どもの脳を刺激する生活空間とは言えません。

学力を考えるなら、子ども部屋から子どもを出し、生活の音やニオイがここかしこにうかがえるリビングを学びの場にすることをおすすめします。

わが子を読書好きにする秘訣

家族が集《つど》い、本棚に本の並ぶリビングが理想の家庭学習の場です。

しかし、その本棚がマンガでいっぱいであったり、昔の本がホコリをかぶったまま並んでいたりするのでは意味がありません。

あまりにもさみしい光景です。

子どもは親の背中を見て育つと言いますが、家庭の文化度の高さが子どもの地頭力に影響するのは間違いないでしょう。家に多種多様な本があり、家族が本を手にしているのが普通だという家庭は、塾やけいこ事に通わせる「教育熱心な家庭」とは異なる意味で、教育環境の整った家庭と言えます。

どの親御さんも子どもにはたくさん本を読ませて、豊かな感情を育み知識を吸収してほしいと願っています。しかし、ただ「本を読みなさい」と言っても、なかなか素直に本を手に取ってくれないことはよくご承知でしょう。

子どもは強制されて本を読むのを嫌いますから、やはりそこは、ただ「読みなさい」と命じるのではなく、親の背中を見せる。親御さんが本に親しみ、無理なく導いていくことが必要です。

読む姿を見せるだけでなく、子どもを読書に巻き込んでいくのもいい方法です。たとえば、これまで手にしたことのないようなノンフィクションをお母さんが読んだとしたら、その話題を子どもにふってみるのです。

「こんな本を読んでいるんだけど、あなたはこれについてどう思う?」と。

10min 本の感想を話し合う

何か教えてやろうとか、こういうことが大切なんだと、上から目線で説教臭くもちかけると子どもは背を向けますから、

「どう思う?」

と、目線を同じ高さにして話すのがポイントです。

本で得た知識を一方的に教えるのではなく、感想を互いに言い合うことで、お母さん自身の学びの姿勢を見せたり、子どもの頭の回転を促したりするわけです。

特に女の子は5年生くらいになると、自分のほうがお母さんより偉いと思っている子がたくさんいて、
「勉強しろってうるさく言うけれど、お母さん自身は友だちとランチとか言って、何もやっていないじゃないの」
という気持ちがどこかにありますから、お母さんのちょっとした意識改革には目を向けるはずです。お母さんが本の世界を身近に引き寄せれば、子どもも自然に本に親しむようになるでしょう。

絵本を卒業した年齢でも、決して手遅れではありません。中学生から急に本好きになって作家になった、なんて人もいます。

家には家族が読んだ本が並んでいる。子どもを本好きにするには、ただそれだけでいいと思います。

55 よく寝る子ほど学力がすくすく育つ

子どもの考える力を最大限に引き出すには、親として何ができるかを考えたとき、あと回しになりがちですが、けっして忘れてならないのが生活習慣の徹底です。

特に睡眠の重要性については、親御さんには再認識していただきたいと思います。

「健全な脳に健全な思考あり」です。脳にエネルギーをチャージする睡眠をおろそかにすれば、十分な学力向上は望めないと言ってもいいかもしれません。

中学受験をめざす家庭では、6年生になると、夜中の1時、2時まで勉強しているケースがありますが、これは絶対に間違っています。

関西を中心に展開するある大手進学塾は、夜の11時すぎまで塾で勉強させるというので有名ですが、急激に体も脳も成長する育ち盛りの子どもには、十分な栄養と睡眠は不可欠。

夜遅くまで勉強させることがどれだけ成績アップにつながるのか、私としては大いに疑問だと思っています。

実際、睡眠時間を切り詰めてまで勉強している子は成績が非常に不安定で、肝心なときになると成績が下がってしまう傾向があります。

必要な睡眠時間を削り、ぎりぎりの状態を続けているので、ちょっとしたストレスで頭のコンディションが崩れてしまう。

スタミナがないから、解いたことがある基本問題はできても、少しひねった難しい問題になると、「じゃあ、別のやり方で解いてみたらどうかな?」と思考を回すだけの持続力がなくて、お手上げになってしまうのです。

そういう子を見ると、頭の使い方に余裕がなく、自分の思考パターンに問題が当てはまらないと途中で考えるのが嫌になるというか、脳の神経回路に情報が回らない感じを受けます。

親も子どもと一緒に早寝早起きを心がける

夜更かしが子どもの脳にいかに悪影響を及ぼすか、東北大学の研究チームが興味深い調査を行っています。

新聞報道によれば、同研究チームが、健康な5～18歳の子ども290人の平均睡眠時間と海馬の体積を調べたところ、睡眠が10時間以上の子は6時間の子より、海馬の体積が約1割も大きい事実が判明したというのです。

睡眠時間の長い子ほど海馬の体積が1割も大きく、短い子は海馬が小さいということになります。記事の中で、研究チームの瀧靖之教授は、「子どもの頃の生活習慣を改善することで健康な脳を築ける可能性がある」と語っています。

まさに「寝る子は育つ」です。

勉強という大義名分があると、つい夜更かしも許してしまいがちですが、限られた時間のほうがずっと集中できるし、学習効率も上がります。

小学校高学年のうちは10時には布団に入るようにし、勉強時間が足りないというのであれば、朝、30分早起きをして勉強時間に当てるようにすればいいでしょう。

10時には布団に入った場合、7時に起きるとして、子どもの睡眠時間は9時間が理想なのかと言えば、一概にそうとも言えません。

子どもの眠りを研究する神山潤医師によれば、睡眠不足が脳のリスクになるのは間違いなく、睡眠時間が短い子ほど学力が低いというデータは確かに出ているそうです。しかし、大人でも8時間寝ないとダメだという人もいれば6時間で頭がスッキリするという人もいるように、人によってベストの睡眠時間は異なるので、10歳なら平均これだけはとりなさいなどということは言えないといいます。

必要な睡眠時間は個人差がものすごく大きいのですが、夜更かしをして、その人に適した睡眠時間を無理やり短くすると非常に悪い影響がある。

本当なら寝ている時間帯に電灯の光を浴びることで、体内時計がずれて時差ボケ状態になるのですから、脳にマイナスの影響が出ないはずがありません。

56

寝起きのよい子にする寝る前10分のすごし方

良質の睡眠を得るには、健全な「入眠儀式」が必要でしょう。

お母さんにもあるのではないでしょうか。

寝る前には必ずストレッチをする、半身浴をする、アロマを用意する……。

これをすると、気持ちよくその日1日を終わらせて、スッと眠りに入れるという毎日の習慣です。

10min
スキンシップ

では、子どもの「いい眠り」のために、親として何ができるのか。

低学年であれば、それはスキンシップだと思います。

一緒に横になって、寝る前に本を読んであげたり、眠りに就くまでそっと手を握ってあげたりする。

ハグというのもいいでしょう。

しかし高学年になると、こうはいきません。

子ども扱いを嫌い、手を振りほどかれてしまいます。

子どもが成長してきたら、基本はやはり言葉で明るい気持ちにさせてあげることだと思います。

プラス思考で1日を終わらせる

ちょっと嫌なことがあったとしても、翌日まで引きずらないように、

「それは、こういうふうに考えればいいよね」

とアドバイスをして、プラス思考で1日を終わらせるのです。

どんなに親子げんかをしていたとしても、寝る10分前には、

「お母さんも言い過ぎたわね」

と声をかけ、子どもの好きなアイドルやアニメの話題でも構いませんので、興奮しない程度に、険悪な雰囲気を変えるようなことを言ってあげるのです。

あるいは、けんかの内容を引き継ぐという方法もあります。

「今日はすごいけんかをしたけど、こういうのはもうやめようね」

と、柔らかい口調で終わらせてもいいのです。

そして、「次の休みにはどこに行こうか！」なんて話にポンと振り向けてあげる。

嫌な空気が変わったということが、子どもにとって救いになるわけです。

10min 寝る前のひと言

子どもが浮かない顔をしていても、お母さんの寝る前10分の言葉かけで

「この家の子でよかった」

と穏やかな表情に変われば、一晩じっくり充電して、翌日は元気に「おはよう」の声が聞けるでしょう。

57

10分の「ねぎらいの言葉」で1日を終わる

子どもはいったん眠ってしまえば朝までぐっすり。隣りで怒鳴っても起きやしないと思っていらっしゃるかもしれませんが、「バタンキュー」などというのは大人の勝手な思い込みのようです。

「早く布団に入るのになかなか寝つけない」という子どもの声をよく聞きます。

子どもの睡眠障害です。

医学的見地に立った改善策があるのかもしれませんが、多くの子どもと接してきた私としては、いい眠りを得るには、安心して穏やかな気持ちで眠りにつくのが一番だと思っています。

大人も子どもも同じではないでしょうか。

寝る直前に夫婦で口げんかした翌朝は、目覚めが悪いものです。子どもなら、なおさらです。

「なんでドリルをちゃんとやらないの！」

と叱りつけて、

「もういいから寝なさい！」

と捨て台詞を投げつける。

心当たりありませんか、こんな場面。

最悪のパターンですね。

反抗心を胸いっぱいに抱えて涙目で布団に入るのに、ぐっすり眠れと言うほうが、無理な話でしょう。

昨夜、親子バトルがあったなという日は、勉強を見ていても何となくわかります。問題を解かせると、ミスが多いのです。

そこで、私からのお願いです。

寝る前の2時間は子どもに小言を言わないでください。どうしてもひと言、言っておきたいと思っても、グッと言葉を飲み込み、翌日にする。

小言を我慢したとしても、「もう寝なさい！」という言葉にトゲがあったらダメ。

小言を飲み込んだら、まずは深呼吸をひとつ。

その日の子どもの言動の中から何かいいことをひとつ思い出し、話題にしてみてください。

子どもの顔も気持ちもほころぶこと間違いなし。

顔がほころんだところで「おやすみ」を。

どんなささいな事でもいいのです。

「ほめる」というより「ねぎらう」という意識で声をかけてください。

「あぁ、今日もよくがんばったね」と。

子どもが「がんばろうとしたこと」を認めてあげる

子どもをねぎらう出来事というのは、よほど目を凝らさないと見つけることができません。

1日を思い返すと、叱りたくなる場面ばかりが頭に浮かぶでしょう。

10min 子の思いを認める

ですから、「がんばった結果」にだけ目を向けるのではなく、「がんばろうとしたこと」に対しても目を向けて、その思いをねぎらうのです。

「今日はうまくいかなかったかもしれないけれど、がんばろうとしていたのは、お母さん、よくわかっているわよ」

というふうに。

つまり、子どもの「行い」ではなく、「思い」を認めてあげるのです。


どうでしょう。そう考えれば、ねぎらうチャンスはいくらでも見つけられるのではないでしょうか。

いつもは玄関に乱雑に脱ぎ捨てられている靴がたまたまそろえてあったら、

「いつも靴くらいそろえておいてよ！」

と皮肉めいた調子で言うのと、

「そろえて脱いでくれてありがとう（さすがだね）」

と言うのでは、子どもの心に与える影響はまるで違います。「ありがとう」と言われれば、次もまた何も言わなくても靴をそろえる気になるでしょう。

自分がしたことに対してお母さんが認めてくれたと、子どもは大きな自尊感情をもつことができ、次の行動に移れるのです。

ドアを閉めて鍵をかけただけでも、

「戸締りをちゃんとしてくれたのね」

とねぎらうことができます。

人材育成法として注目を浴びているコーチングでも「ほめるより、まず認めてあげることが大切」と言われます。「ほめて育てる」という言葉がありますが、ほめ言葉をかけても、そこに心がないと子どもは言葉をきちんと受け取りません。

たとえば「あなたは、きれいですね」と、「私は、あなたをとてもきれいな方だと感じています」という言葉。

前者には言葉を発する側の評価や判断が入っていますが、後者は「あなた」の存在そのものを認める言葉になっていて、相手に対する評価や判断が入っていません。

耳触りのいい言葉で評価するのではなく、感じたことをストレートに伝えていく。

それこそが、相手がキャッチしやすいメッセージになるのです。

子どもは、それを敏感に感じています。

07

子育てが
とっても楽になる
10分の心の癒し方

58 イラッとしそうになったら、10分その場から離れる

私は塾に務めていた時代も含め、これまで3000人以上のお母さんの相談を受けてきましたが、子育てに何の不安も不満もないという人には会ったことがありません。

みなさん、子どもに対して何かしらの悩みを抱えています。

子どもの成績や家庭の経済状況はまったく関係ありません。

勉強ができる子だから気楽、お金持ちだから問題がないというものではないのです。

子育てというものは、それほど大変な仕事だということです。

そんな難業に日々立ち向かっているお母さんたちの気持ちを少しでも和らげてあげられたら。そうした気持ちから、最後の章の筆をとりました。

テーマは、子育てに悩んだときのリラックス法です。

私のもとに寄せられる子育ての悩みで一番多いのは、やはり成績に関しての相談で

す。成績が上がらないことそのものよりも、自分の期待や予想どおりに子どもが成長してくれないことに原因があるようです。

つまり、よかれと思って、いろいろアドバイスをしたり、対策を講じたりしているのに、効果が上がっていないことへの悩みです。

特に学年が上がってくると、言動が生意気になったり、屁理屈を言うようになったりして、お母さんの言葉に耳を傾けてくれないことが増えてくるため、一層悩みも深まるようです。

しかし、そこで感情的に子どもを叱りつけても、子どものさらなる反発を招いたり、親子関係をこじらせたりするだけで、いいことはありません。

お母さんには自分の感情がたかぶりそうになったら、その場から離れてみることをおすすめしています。

以前、教えていた家庭で、学習のことで親子げんかが激しかったお母さんにこんなアドバイスをしたことがあります。

10min コンビニへ避難

「怒り出しそうになったら家を出て、近くのコンビニに10分間避難してください」

すると、子どもの成績がどんどん伸びてきました。

少し「間」を置くことで、お母さんの心が落ち着き、冷静に子どもと向き合うことができるようになったためです。

それがなぜ、成績につながるのか。

「売り言葉に買い言葉」の不毛な時間を作らずに済むようになったことが最大の理由です。激しい言葉の応酬は、けんかが終わったあともささくれ立った気持ちが長く続きます。もう、その1日は勉強する気になれないかもしれません。

また、お母さんの気持ちが不安定だと、当然、子どもの気持ちも不安定になります。それでは、勉強にも集中できません。

反対に、お母さんがいつも穏やかな気持ちで子どもに接していれば、子どもも安心して勉強に取り組むことができます。

お母さんの心の平穏が子どもの心の安定を生み、それが学業の成績にも好影響を与えるというわけです。

59

毎日10分の「ねぎらいワーク」で気持ちをリセット

お母さんの心の安定が子どもの安心を生み、さらには成績向上につながっていくという話はすでに述べたとおりです。

しかし、お母さんも日々の生活の中でさまざまなストレスやプレッシャーにさらされています。

いつも穏やかな気持ちでニコニコと笑いながら子育てをしたいと思いながらも、ついイライラしたりクヨクヨしたりしてしまうこともあるでしょう。

ここからは、そのような心の乱れを整え、気持ちをリセットする方法を紹介していきます。

私はストレスに悩むお母さんに「ねぎらいワーク」をよくすすめています。

これは毎日寝る前に、

10min
ねぎらいワーク

鏡を見ながら、鏡の向こうの自分に向かって、

「あなたは本当にがんばっているよね」

「今日も1日がんばったね」

「よく我慢したわね」

と笑顔で言ってみるのです。


「そんなことで効果があるの？」

と思うかもしれませんが、だまされたと思ってやってみてください。

きっと心の中のイライラやモヤモヤがスーッと晴れていくはずです。

そして、明日もがんばってみようという気持ちがわき起こってくるから不思議です。

60 自分と子どもの長所を挙げて「ねぎらう」

「ねぎらいワーク」の方法は、ほかにもあります。

10min 3つの長所

たとえば、「自分の長所を3つ挙げてみる」のもいいでしょう。

7つも8つもと言われれば悩んでしまいますが、3つくらいなら、みなさん簡単に言えるのではないでしょうか。

気持ちが落ち込んだり、子育てに自信がなくなりかけたときに効果的です。


「わが子の長所を挙げる」という方法もあります。

子どもの長所は、お母さんのこれまでのがんばりの結晶ですから、自分はきちんと子どもを育ててきたという確認ができます。

また、子どもに腹が立ったりイライラしたときも、「こんなにいいところがあるんだから」と思えば、気持ちを静めやすくなるでしょう。

これは、10個挙げてほしいですね。

なぜ10個かといえば、すぐには見つけられないかもしれないけれど、至難の業というほどではないからです。

じっくり考えて掘り起こしていくことで、わが子に対する見方も変わってきます。

「これも長所に入れていいかな？」

「欠点と思っていたけど、見方によっては長所なのでは？」

そんなふうに考えているうちに、

「うちの子、けっこういい子じゃない」

という気持ちになってくるはずです。

そうなればしめたもの。

また前向きな気持ちで子育てに取り組めるでしょう。

61 落ち着いて考えるための気づいたこと10分メモ

感情が乱れたり、気持ちが不安定になったりするのは、思考が堂々めぐりしてしまうことに原因があることが少なくありません。

思考が堂々めぐりするとは、たとえば、こんな感じです。

①「うちの子、どうして成績が悪いのかしら」

②「授業をちゃんと聞いていないから？　宿題をしっかりやらないから？　塾の先生の教え方がよくないから？」

③その日、子どもが持ち帰ってきたテストを見ると、また点数がよくない。

①に戻る

こうしてお母さんは、イライラをさらに募らせていくのです。

いわば「イライラのスパイラル」ですが、これを解消するのには、「書くこと」が効果的です。

まずは簡単に改善できそうなことから始める

たとえば、子どもの成績が低迷していることに悩んでいるのなら、その原因として思い浮かぶことを箇条書きにします。そのときには、ひとつの現象に対して、次のように思いつくままに多くの原因を書き並べてください。

【現象】
テストの成績がよくない。
【原因】
ダラダラ勉強している。
計算間違いが多い。
勉強するときの姿勢が悪い。
字が汚い。
復習をしていない。

そのほか、学校の先生が悪い、塾が悪い、夫の協力がない……何でも構いません。

すべて書き出したら、原因のひとつひとつに、どうすれば改善できるかを書きます。改善策が思い浮かばないものがあれば、そのままでも構いません。ひとつでも改善策がわかれば、そこから実行していけばいいのです。

すべてを一気に改善しようとすれば、まず失敗します。一番簡単に解決できそうなことから始めるのが効果的です。

ひとつのことが改善できれば、その分だけは必ずよくなります。

頭で考えていれば堂々めぐりしてばかりのことも、書くことで冷静に対策を考えられるようになるものです。書いているうちに、気持ちも落ち着いてきますしね。

62

お父さんの協力を上手に引き出す魔法の10分

最近は、教育熱心なお父さんも増えてきたため、「お父さんの介入」に困っているお母さんも少なくありません。

本来、お父さんが子育てに興味を示すのは、お母さんにとってもありがたいことのはず。

それが困った事態になる原因のひとつは、夫婦の間で子どもの教育に対する「認識のズレ」があることです。

大きな認識のズレとは、たとえば、小学生のうちは思いっきり遊ばせるべきだと主張するお父さんに対して、お母さんはまわりの子と同じように中学受験をさせたいと思っているというような状況です。

このような事例に数多く出合います。

夫婦の間でめざす方向が違うままに一方が走り出してしまうのは、子どもが混乱する原因となります。

夫婦で十分に話し合って、お互いが納得できる結論を導き出してから、子どもへの対応を決めてください。

お父さんが自分の「出番」を勘違いしたり、的外れな口出しをしたりしてしまうのもそのためです。

小さな認識のズレは、もっと頻繁に起こります。

たとえば、やる気を失っている子どもをお母さんは励ましてあげたいと思っているのに、お父さんが叱りつけてしまうようなときです。

このような認識のズレを正すことができれば、夫婦の間で理想的な子育ての協力関係が築けるようになります。

そのためにも、お母さんは日頃から子どもの情報を積極的にお父さんに教えてあげてほしいのです。

10min パパを巻き込む

なんといっても、子どものことを一番よくわかっているのはお母さんなのですから、面倒だと思わず、それこそ1日10分で構いません。その日、子どもから聞いた話や子どもが興味をもっていること、学校でどんな勉強をしているのかなど、子どもの「今の状況」について、お父さんと話してください。

そうすることで、お父さんは自分の「出番」がよくわかるようになり、結果として、お母さんの負担も軽くなることになるのですから。

おわりに

小学4年生から6年生までの数年間は、3年生あたりまでの幼い全知全能感が崩れ、アイデンティティを再構築していく時期にあたります。

自分を客観視することができるようになることで、他者との比較が始まります。そのために、まわりの子が自分よりもずっとすぐれていると感じたり、自分の能力に自信がもてなくなったりしがちなのです。

自尊心や自己肯定感がちょっとしたきっかけでくずれてしまう、この不安定な時期に合わせるように、小学校の学習内容は難しくなります。

そして、中学受験のための本格的な学習も始まります。

一方、お母さんにとっても、他の子どもとわが子を比較して、自信を失いがちな時期にあたります。

お母さんの自信喪失と子どもの自己肯定感のくずれが、負のスパイラルを作ってしまっている例をこれまでに数多く見てきました。

子育ては、「うちの子にも、誰にでも備わっている、ちゃんと成長していける強固なプログラムが備わっている」という信頼感と、「うちの子に備わっているプログラムは正しいのだろうか」という懐疑の間で揺れ動くものだと思います。

しかも、後者に大きく傾いてしまう不安定なヤジロベエです。

でも、私たちはどの子どももちゃんとしたプログラミングに基づいて成長していくものだということを確認し続けています。

芳しくない成績を取ってしまった子どもでも、お母さんの声かけや態度が変化することで数か月後には見違えるような成績を取ってくることは珍しいことではありません。タイミングのよい声かけ、適切な指示、理解されやすいフレーズ。

これらが、子ども自身に備わっているプログラムを上手に動かしてくれます。

子どもの世界は、大人と比べて非常に狭いものです。狭いが故に濃密です。家庭が子どもに与える影響は甚大だと言えます。

ところが、子どもの環境は親が一方通行で与えていけるものではなく、親の言動が子どもを動かし、子どもの言動が親の言動を左右するという双方向のコミュニケーションによって作られます。

それが悪いほうに作用すると、「売り言葉に買い言葉」の負のスパイラルになります。よいほうに作用すると、正のスパイラルを生み出します。

「うちの子は、がんばれそう」「うちの子の成績は近いうちに上がりそう」というお母さんの気分が言動や行動を変え、それを子どもが敏感に感じ取りこれまでより素直に聞けるようになり、お母さんが朗らかになり、子どもが楽しい気分になる。

このような好循環を生むことも可能です。

この本が子どもに内在するプログラムを順調に動かしたり、正のスパイラルが始まるきっかけになれば、こんなに嬉しいことはありません。

お母さんが明るくなり、子どもが朗らかになり、ご家庭に前向きなエネルギーが満ち溢れることを祈っております。

西村則康

西村則康（にしむら　のりやす）

名門指導会代表、中学受験情報局主任相談員、塾ソムリエ。
30 年以上、難関中学・高校受験指導を一筋に行う家庭教師のプロフェッショナル。一つの解法を押しつけるのではなく、その子に合った方法を瞬時に提示する授業で、毎年多数の生徒を最難関中学の合格に導く。これまでに男子御三家の開成、麻布、武蔵、女子御三家の桜蔭、女子学院、雙葉をはじめ、灘、洛南高附属、東大寺学園、神戸女学院などの難関校に合格させた生徒は 2500 人以上にものぼる。
受験学習を、暗記や単なる作業だけのものにせず、「なぜ」「だからどうなる」という思考の本質に最短で入り込んでいく「名門指導会」の授業は、いずれの講師も翌年まで予約が殺到するほどの人気を誇る。

また、受験を通して親子の絆を深めてほしいと、父母と子どものコミュニケーション術や声かけ法についてもアドバイスしている。

家庭教育雑誌や新聞などに頻繁に登場し、情報発信も積極的に行う。特に 16 万人のお母さんが参考にしている中学受験 No. 1 サイト「かしこい塾の使い方」では、保護者の質問に一つずつ丁寧に答えることをライフワークとしている。

著書に『自分から勉強する子の育て方』（実務教育出版）、『なぜ、ウチの子だけ合格するのか？～中学受験「かしこい塾の使い方」』など。

【かしこい塾の使い方】
http://www.e-juken.jp/

【西村則康サイト】
http://www.nishimuranoriyasu.com/

【名門指導会】
http://www.meimon.jp/

【西村則康の「理系脳」子育て倶楽部】
https://www.facebook.com/rikeinou

勉強ができる子になる
「1日10分」家庭の習慣

2013年11月15日　初版第1刷発行
2014年 1 月20日　初版第2刷発行

著　者　西村則康
発行者　池澤徹也
発行所　株式会社実務教育出版
163-8671　東京都新宿区新宿1-1-12
電話　03-3355-1812（編集）　03-3355-1951（販売）
振替　00160-0-78270

印刷／精興社　　製本／東京美術紙工

ISBN978-4-7889-1068-3　C0037

西村先生のもう一冊の本！

「学びの基礎体力」を鍛える！

自分から勉強する子の育て方

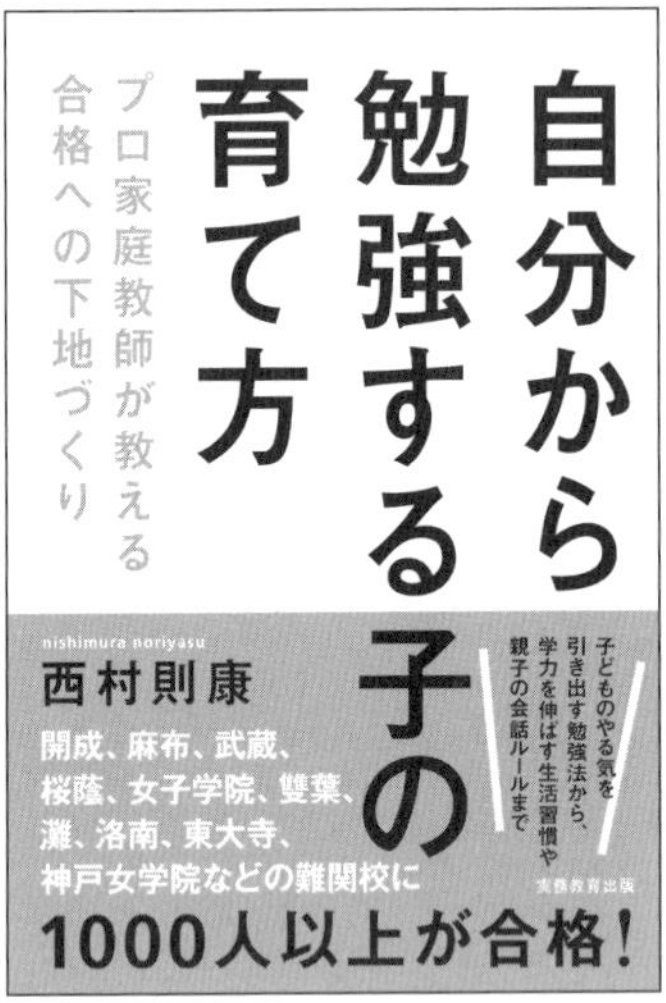
自分から勉強する子の育て方
プロ家庭教師が教える
合格への下地づくり
nishimura noriyasu
西村則康
子どものやる気を引き出す勉強法から、学力を伸ばす生活習慣や親子の会話ルールまで
開成、麻布、武蔵、桜蔭、女子学院、雙葉、灘、洛南、東大寺、神戸女学院などの難関校に
1000人以上が合格！
実務教育出版

西村則康【著】

[ISBN978-4-7889-1048-5]

厳しい中学受験を勝ち抜いた子どもたちに共通しているのは、「自分から考える力」を育む家庭で育ったことでした。もっとも、難しいことは、何ひとつありません。毎日の生活習慣、親のちょっとしたひと言や姿勢・態度……そんな身近なことを少し見直すだけで、家庭が変わり、子どもは成長するのです。

実務教育出版の本